JUMP COMICS

YU-GI-OH!

遊☆戯☆王《ゆうぎおう》

青眼《ブルーアイズ》の恐《きょう》怖《ふ》!!

5

高《たか》橋《はし》和《かず》希《き》

《MAIN《メイン》 CAST《キャスト》》

本編《ほんぺん》の主人公《しゅじんこう》。いじめられっ子《こ》だったが「千年《せんねん》パズル」を解《と》いたことから、闇《やみ》のゲームを受《う》け継《つ》ぎ悪《あく》を裁《さば》く〝正《せい》義《ぎ》の番人《ばんにん》〟となった。

武藤遊戯《むとうゆうぎ》

城之内《じょうのうち》

▶不良《ふりょう》っぽいが、心《こころ》は優《やさ》しい。男《おとこ》の友情《ゆうじょう》を守《まも》り抜《ぬ》く、熱血漢野郎《ねっけつかんやろう》。

真崎杏子《まざきあんず》

▶遊戯《ゆうぎ》の幼《おさな》なじみ。勝気《かちき》で男《おとこ》まさりだけど、とってもC《キュート》な女《おんな》の子《こ》。

武藤双六《むとうすごろく》

▶遊戯《ゆうぎ》の祖父《そふ》。亀《かめ》のゲーム屋《や》・主人《しゅじん》で、ゲームにやたらと詳《くわ》しい。

本田《ほんだ》

▶城之内《じょうのうち》の友人《ゆうじん》。ぶっきらぼうだが根《ね》は純情《じゅんじょう》で、男気《おとこぎ》あふれるヤツ。

海馬瀬人《かいばせと》

◀〝闇《やみ》のゲーム〟で遊戯《ゆうぎ》に破《やぶ》れて以来《いらい》、深《ふか》い恨《うら》みを抱《いだ》いている。

YU-GI-OH!

遊☆戯☆王

ゆうぎおう

Vol.5

〔もくじ〕

遊闘《バトル》34 第《だい》2の闘《とう》戯《ぎ》場《じょう》!!!

オレはここまでだ……
ドスン☆
本田《ほんだ》くん!
本田《ほんだ》あぁぁ!
……

……
……
本田《ほんだ》くんは……
本田《ほんだ》くんは…
オレは信《しん》じねえ!!
本田《ほんだ》がくたばるワケがねえ!!
あのバカがそう やすやすとよ……
本田《ほんだ》くんは……
ゴゴゴゴ
本田《ほんだ》くんはボクのために…
なぜ…
ゴゴ
友達《ともだち》を…じーちゃんを…ボクから奪《うば》うんだ…
くそ…
ゴゴゴゴ
海馬《かいば》め!!

遊戯《ゆうぎ》…
ゴゴゴ
本田《ほんだ》は大丈夫《だいじょうぶ》だよ!
きっと無事《ぶじ》でいるよ!
ゴゴ
本田《ほんだ》ー!!
聞《き》こえてんなー!
オレ達《たち》はひと足先《あしさき》に行《い》くけどよー
てめーもその図々《ずうずう》しい生命力《せいめいりょく》で修羅場《しゅらば》乗《の》り越《こ》えてきやがれ!!
待《ま》ってるぜ…!
バカヤロー!
行くぜ!
遊戯《ゆうぎ》!
杏子《あんず》!
待《ま》って…
さっきから変《へん》なの…
遊戯《ゆうぎ》の様子《ようす》が…
ゴゴゴ
!
ゴゴゴゴ

チェスにたとえるなら……
遊戯《ゆうぎ》をキング…
ナイトは城之内《じょうのうち》…
さしずめ本田《ほんだ》はルークというところか…
カタッ☆
ルークは息絶《いきた》えた
「詰《チェックメイト》み」も秒読《びょうよ》みに入《はい》ったな…
あいつらけっこーしぶといよねー！
兄《にい》サマ！
モクバか…
いよいよ終盤戦《しゅうばんせん》だね！
兄《にい》サマ
兄《にい》サマオレとの賭《か》けを覚《おぼ》えてる？
「DEATH-T《デスティー》」の計画《けいかく》の前《まえ》に二人《ふたり》でした賭《か》けさ！

遊戯《ゆうぎ》がこのテーマパークのどのステージでくたばるかを互《たが》いに賭《か》け合《あ》った!
ああ…
そして兄《にい》サマは「DEATH《デス》-T《ティー》-5《ファイブ》」に賭《か》けた!
そうだよね——!
モクバは「DEATH《デス》-T《ティー》-4《フォー》」に賭《か》けたっけな……
オレはくやしいぜい!
だって…「DEATH《デス》-T《ティー》-4《フォー》」はオレが遊戯《ゆうぎ》と闘《たたか》うステージなんだ!
ああわかっているともモクバ…
オレの賭《か》けた「DEATH《デス》-T《ティー》-5《ファイブ》」はこのテーマパークの最終《さいしゅう》ステージ…
オレの「マジック&《アンド》ウィザーズ」決戦《けっせん》のステージだ!
兄《にい》サマは弟《おとうと》のオレより遊戯《ゆうぎ》の勝利《しょうり》に賭《か》けたんだぜー!
ちくしょーっ!

ああ 今《いま》でも そう思《おも》うよ
お前《まえ》じゃ 遊戯《ゆうぎ》を 倒《たお》せない…
最初《さいしょ》から お前《まえ》が この計画《けいかく》に 参加《さんか》するのは 反対《はんたい》だった…
く……
モクバ… お前《まえ》は密《ひそ》かに オレの鼻《はな》をあかそうと 遊戯《ゆうぎ》にゲームを 挑《いど》んだな…
その結果《けっか》を オレが知《し》らぬとでも 思《おも》うのか!
……
そ… それは…
オレは……
ただ…
兄《にい》サマに 認《みと》めてもらいたくて…
ゲームの世界《せかい》に 兄弟《きょうだい》の「情《じょう》」などという くだらないものは ないことを知《し》れ!
それに気《き》づかぬ 限《かぎ》り お前《まえ》は 永遠《えいえん》に負《ま》け犬《いぬ》だ!! モクバ!!
く…
オレは 遊戯《ゆうぎ》を 倒《たお》してみせるさ!

お前《まえ》ら「DEATH《デス》-T《ティー》-4《フォー》」の準備《じゅんび》は ぬかりないな!!
は!
モクバ様《さま》!
いくぞ!!
ダッ
見《み》てろ──!
今日《きょう》こそ兄《にい》サマに オレの ゲームの実力《じつりょく》を認《みと》めさせてやるぜい!
ゴオオ
ゴゴゴゴ

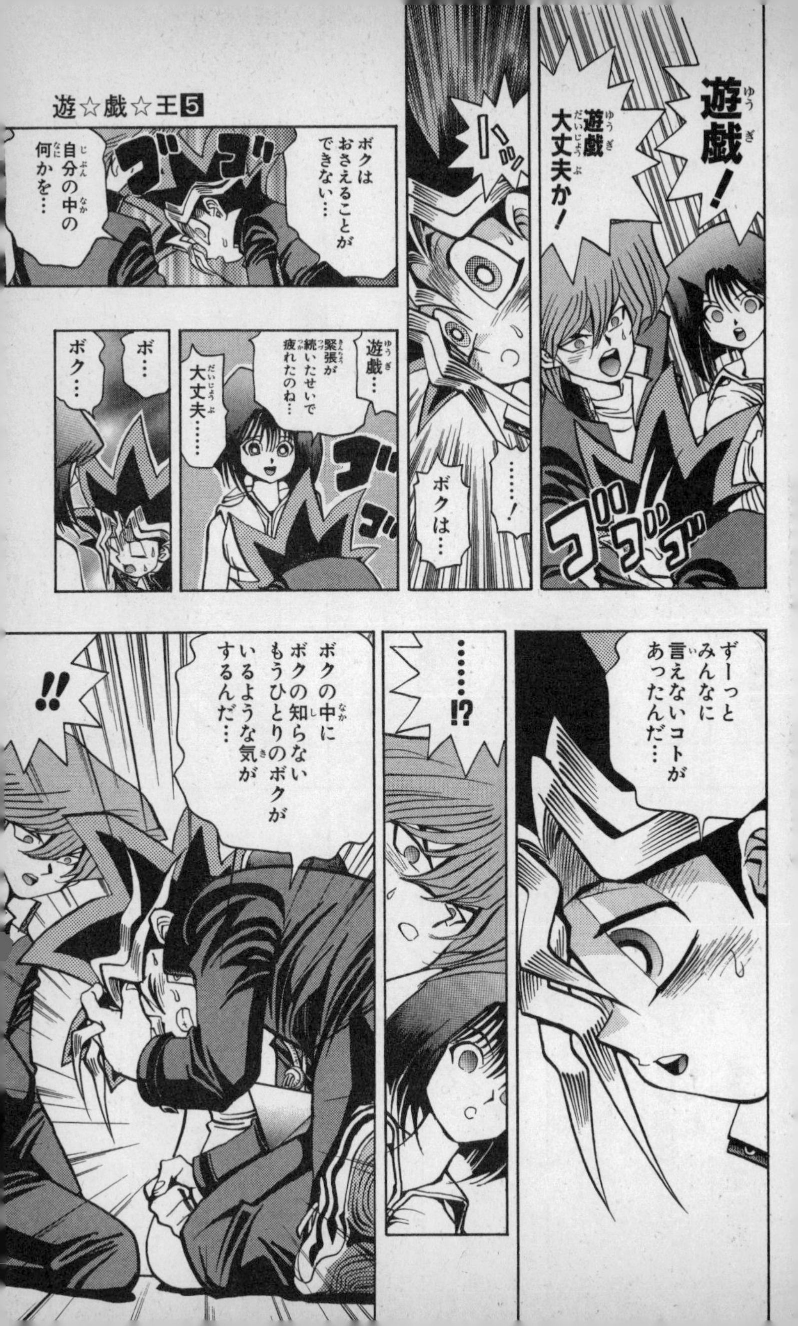
遊戯《ゆうぎ》!
遊戯《ゆうぎ》
大丈夫《だいじょうぶ》か!
ゴゴゴゴ
……!
ボクは…
ボクは
おさえることが
できない…
ゴゴ
自分《じぶん》の中《なか》の
何《なに》かを…
遊戯《ゆうぎ》…
緊張《きんちょう》が
続《つづ》いたせいで
疲《つか》れたのね…
大丈夫《だいじょうぶ》……
ゴゴ
ボ…
ボク…
ずーっと
みんなに
言《い》えないコトが
あったんだ…
……!?
ボクの中《なか》に
ボクの知《し》らない
もうひとりのボクが
いるような気《き》が
するんだ…
!!

もうひとりの遊戯《ゆうぎ》…!?!?
この「千年《せんねん》パズル」を完成《かんせい》させた時《とき》から…
たまに意識《いしき》がどこかにいっちゃう時《とき》があるんだ…
その時《とき》…ボクの知《し》らないもうひとりのボクに姿《すがた》を変《か》えてしまってるんじゃないかって…
!
……
こわくて…
こーしてみんなと友達《ともだち》になれたのに…
こんなボクを知《し》られたらみんな離《はな》れていってしまうんじゃないかって…
それがこわかったんだ!!
遊戯《ゆうぎ》…
オレは誓《ちか》うぜ!
遊戯《ゆうぎ》の中《なか》にもうひとりの遊戯《ゆうぎ》がいたって……
オレ達《たち》はずっと友達《ともだち》だってな!!

……！
城之内《じょうのうち》くん！
うん
ずっと友達《ともだち》だよ遊戯《ゆうぎ》！
杏子《あんず》…
……みんな…
……ありがとう
よし先《さき》に進《すす》むぞ！
遊戯《ゆうぎ》！
うん
本田《ほんだ》くん……
ボク絶対《ぜったい》に待《ま》ってるから……
オオォォ
ン…
ドォ
!!
歓声《かんせい》が聞《き》こえてくる！
あの出口《でぐち》からだ!!
ドォォォ
オォォォ

オオオオオ
第二《だい》の闘戯場《とうぎじょう》!!!

こ…これは…
DEATH《デス》-T《ティー》-4《フォー》ーー！
オレのステージにようこそ！
遊戯《ゆうぎ》!!

モクバ!!
遊戯《ゆうぎ》!
オレとお前《まえ》の
一騎打《いっきう》ちだぜい!
ひとりで
真ン中《まんなか》の
バトルボックスに
入《はい》って来《こ》い!!
……
ゴゴゴ
遊戯《ゆうぎ》!
お前《まえ》ひとりじゃ
危険《きけん》だぜ!
オレも
行《い》くぜー!
ううん!
ここは
ボクひとりで
行《い》かせてほしい!
ゴゴゴ
遊戯《ゆうぎ》!
大丈夫《だいじょうぶ》!
ボクは もう
弱虫《よわむし》なんか
じゃない
ひとりぼっちじゃ
ない!
ボクには
友達《ともだち》がいる!
みんなが
いるんだ!!

遊戯《ゆうぎ》…
城之内《じょうのうち》くんや本田《ほんだ》くん…みんなが教《おし》えてくれたんだ！
本当《ほんとう》の勇気《ゆうき》を！
おう！
ボクは…
ボクは もう…もうひとりのボクをこわがったりしない…
ゴゴゴ
遊戯《ゆうぎ》…
遊戯《ゆうぎ》がまた…

!!
遊《ゆう》……

ドオオオォ

城之内《じょうのうち》くん!!
杏子《あんず》!
オレは絶対《ぜったい》に勝《か》つぜ!!
…………
あ…あれがもうひとりの遊戯《ゆうぎ》……!

ドドドオオオォ
お！あいつがモクバ様《さま》の挑戦者《ちょうせんしゃ》らしいぞ！
無理無理《むりむり》ー！勝《か》てるワケねーさ！
ドドド
遊戯《ゆうぎ》ーー！よくぞ「DEATH《デス》-T《ティー》-4《フォー》」までたどり着《つ》いたなー！
ほめてやるぜい！
けっ…こりずにまた現《あらわ》れやがったか…このガキが…
フフ…
そっちの遊戯《ゆうぎ》か…
好都合《こうつごう》だぜい！

遊戯《ゆうぎ》！いいこと教《おし》えてやるぜい！
お前《まえ》が目指《めざ》す最終《さいしゅう》ステージ…つまり兄《にい》サマとの決戦場《けっせんじょう》はこの上《うえ》にある…
ホラ！あのエレベーターに乗《の》ればそこにたどり着《つ》くワケさ！
モクバ…お前《まえ》をぶっ倒《たお》せばその道《みち》が開《ひら》かれるってワケか…
だがそれは無理《むり》だぜい！
遊戯《ゆうぎ》！お前《まえ》はこのステージで死《し》ぬことになるんだぜい!!
お友達《ともだち》と一緒《いっしょ》にな！
!!
く…

城之内《じょうのうち》くん
杏子《あんず》…
モクバ…
きさま…
フフフ…
遊戯《ゆうぎ》！
オレ達《たち》のことは気《き》にすんなー！
ゲームでそいつをブッ飛《と》ばせ!!
城之内《じょうのうち》くん！
ゴゴゴ
さあ！ゲームを始《はじ》めるぜい！
「DEATH《デス》-T《ティー》-4《フォー》」！
このステージのゲームは――
ドドドド

カプセル・モンスター・チェス!
バーチャル・リアリティーバージョン!
カプセル・モンスター・チェス!
ドドドドドド

遊戯《ゆうぎ》! きさまとこの盤上《ばんじょう》で カプモン・チェス バトルを展開《てんかい》するワケだが──
そのバトルは この下《した》の巨大《きょだい》フィールドに 「バーチャル・リアリティー」によって 再現《さいげん》されるんだぜ!
ドオオオオ!!
今《いま》から ちょっとした デモンストレーションを 見《み》せてやる!
よく 見《み》てろよー 遊戯《ゆうぎ》!
これから このオレの駒《こま》が──
お前《まえ》みたいな 超貧弱駒《ちょうひんじゃくごま》に バトルをしかけるぜ!

すると
下《した》のフィールドにも
バーチャル・モンスターが
現《あらわ》れるのさ!
アルマザウルス
LV《レベル》5
ヒューモコ
LV《レベル》1
ギャアァァス
ピ…

バトル!!
わはははー 遊戯《ゆうぎ》も この 弱小《じゃくしょう》モンスターのように 葬《ほうむ》ってやるぜい!!
もちろん 敗者《はいしゃ》には 罰《ばつ》ゲーム 「死《し》の体感《たいかん》」が 待《ま》ってるぜい!!
「死《し》の体感《たいかん》」…!!
さあ ゲームを 始《はじ》めるぜ!
オレは 絶対《ぜったい》 遊戯《ゆうぎ》を 倒《たお》す!!
兄《にい》サマには 悪《わる》いが オレが遊戯《ゆうぎ》を 葬《ほうむ》ってやるぜい タククク
受《う》けてたつぜ! モクバ!!
オレは このゲームに勝《か》って 必《かなら》ず海馬《かいば》の待《ま》つ 最終《さいしゅう》ステージに 行《い》くぜ!!
待《ま》ってろよ じーちゃん!!

カプセル・モンスター・チェス!!
敗者《はいしゃ》には罰《ばつ》ゲーム「死《し》の体感《たいかん》」が待《ま》っている!!
遊闘《バトル》35 盤上《ばんじょう》の死闘《しとう》
モクバ！オレはこのゲームに勝《か》って海馬《かいば》の待《ま》つ最終《さいしゅう》ステージにかけ上《あ》がるぜ!!
遊戯《ゆうぎ》！勝《か》つのはオレだ！
兄《にい》サマのステージには行《い》かせないぜい！
さあ 初《はじ》めにガシャポンでお互《たが》いのカプセル・モンスターを引《ひ》くぜ!!
OK《オーケー》
ククク……このガシャポンはオレの元《もと》にカプモン最強《さいきょう》ユニットが揃《そろ》うように仕組《しく》まれてるのさ!!
また お前《まえ》には弱小《じゃくしょう》カプモンでオレと勝負《しょうぶ》してもらうぜい!!

ド
メガトン
LV《レベル》5
〈特技《とくぎ》〉
●おしつぶす
●鼻息《はないき》ハリケーン
ナマハーゲン
LV《レベル》4
〈特技《とくぎ》〉
●噛《か》みつく
●にらみ
ビッグ・フット
LV《レベル》5
〈特技《とくぎ》〉
●マッスル・パンチ
●ベア・ハッグ
●ジャイアント・スイング
ゾイドーM《エム》
LV《レベル》5
〈特技《とくぎ》〉
●ゾイド・ガス
●ヘッド・バット
アルマザウルス
LV《レベル》5
〈特技《とくぎ》〉
●火炎《かえん》
●アルマ・アタック
モクバ・カプモン・ユニット
ワハハハハ この最強《さいきょう》ユニットで オレが遊戯《ゆうぎ》に 負《ま》けるワケが ないぜい!!

遊闘《バトル》35　盤上《ばんじょう》の死闘《しとう》

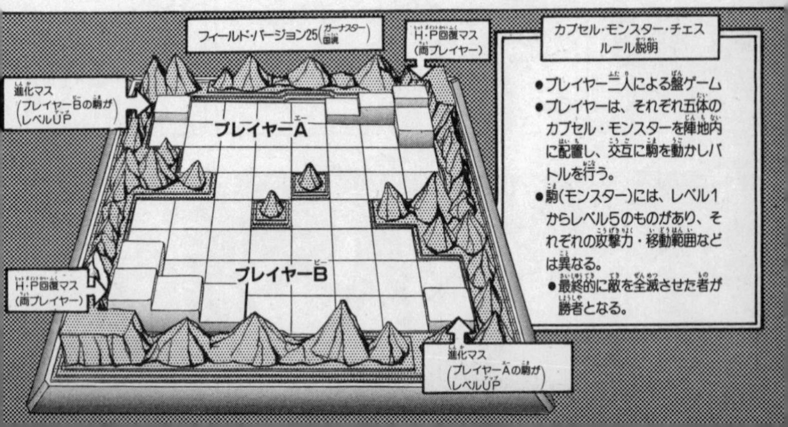
フィールド・バージョン25(ガーナスター国境)
H・P回復《かいふく》マス
(両プレイヤー)
進化マス
(プレイヤーB《ビー》の駒が
レベルUP)
プレイヤーA《エー》
プレイヤーB《ビー》
H・P回復《かいふく》マス
(両プレイヤー)
進化《しんか》マス
(プレイヤーA《エー》の駒《こま》が
レベルUP)
カプセル・モンスター・チェス
ルール説明
●プレイヤー二人《ふたり》による盤《ばん》ゲーム
●プレイヤーは、それぞれ五体《ごたい》のカプセル・モンスターを陣地内《じんちない》に配置《はいち》し、交互《こうご》に駒《こま》を動《うご》かしバトルを行《おこな》う。
●駒《こま》(モンスター)には、レベル1からレベル5のものがあり、それぞれの攻撃力《こうげきりょく》・移動範囲《いどうはんい》などは異《こと》なる。
●最終的《さいしゅうてき》に敵《てき》を全滅《ぜんめつ》させた者《もの》が勝者《しょうしゃ》となる。

!!
遊戯《ゆうぎ》
カプモン・ユニット
モグリン
LV《レベル》1
〈特技《とくぎ》〉
●もぐる
●はげます
イカニンジャ
LV《レベル》2
〈特技《とくぎ》〉
●すいとん
●自爆《じばく》
ビートン
LV《レベル》2
〈特技《とくぎ》〉
●丸《まる》くなる
●たえる
脳《のう》ミソスライム
LV《レベル》1
〈特技《とくぎ》〉
●考《かんが》える
●毒攻撃《どくこうげき》
トッポー
LV《レベル》1
〈特技《とくぎ》〉
●飛《と》びつき
●ハナフーセン
ク…
このユニットは明《あき》らかに仕組《しく》まれたものだぜ！モンスターのレベルが違《ちが》いすぎる
モクバめ！また何《なに》か細工《さいく》をしたな……！
さあ！お互《たが》いの陣地内《じんちない》にカプセルを配置《はいち》!!
フフ……遊戯《ゆうぎ》！せいぜい頭《あたま》を使《つか》って陣形《じんけい》を考《かんが》えるんだなー！
さて……どう闘《たたか》うか……
このフィールドの特徴《とくちょう》は……
道《みち》は左右《さゆう》にふたつ
だが敵《てき》に待《ま》ちぶせされたら突破《とっぱ》はむずかしいぜ…
よし！

陣形《じんけい》が決《き》まったらカプセル・アウト!!
ン!
オレのモンスターを見《み》てチビんなよ遊戯《ゆうぎ》!
ケーッ なんだいその陣形《じんけい》は!
弱《よわ》い者同士《ものどうし》寄《よ》りそい合《あ》っちゃってー!! みじめー みじめ~~~!
遊戯《ゆうぎ》! お前《まえ》は みじめ野郎《やろう》だぜ ギャハハハー!
モクバのモンスターはほとんどがレベル5の最強《さいきょう》ユニット……
それに対抗《たいこう》する手段《しゅだん》はこれしかない!!
よしゲームスタートだ!!
お……いよいよゲームが始《はじ》まったぞ!
おい見《み》ろ!
ドオオオ!!

下《した》のフィールドにバーチャル・モンスターが出現《しゅつげん》したぞ!!
ゴゴ
ゴゴ
遊戯《ゆうぎ》! 絶対《ぜったい》勝《か》てよー!!
遊戯《ゆうぎ》… 友達《ともだち》に表《おもて》も裏《うら》もありゃしねえ! いつだってオレ達《たち》がついてるぜ!
オレの先手《せんて》だ! 行《い》くぜー 遊戯《ゆうぎ》!
アルマザウルス出撃《しゅつげき》だー!!

お！フィールドにアルマザウルスの移動《いどう》範囲《はんい》が表示《ひょうじ》されたぞ！
アルマザウルスの移動範囲《いどうはんい》
（ただし、山《やま》や段差《だんさ》が激《はげ》しい場所《ばしょ》以外《いがい》）
さあ遊戯《ゆうぎ》！お前《まえ》の番《ばん》だ!!
……
聞《き》こえねーのか！お前《まえ》の番《ばん》だ！
オレはこの陣形《じんけい》のままでいい……
なに!!
遊戯《ゆうぎ》め…何《なに》か企《たくら》んでいるよーだがそれならそれでいいさ…
オレは駒《こま》を進《すす》め お前《まえ》の陣地《じんち》に攻《せ》め入《い》ってやるぜ!!
オレの作戦《さくせん》は モンスター編成《へんせい》を二班《にはん》に分《わ》け 内《うち》と外《そと》からの攻撃《こうげき》で全滅《ぜんめつ》させてやるぜい！
遊戯陣《ゆうぎじん》
モクバ陣《じん》

さっきからトンガリ頭《あたま》のガキぜんぜん駒《こま》を進《すす》めてないぜ!
モクバ様《さま》のモンスターが敵陣《てきじん》に次々《つぎつぎ》と攻《せ》め込《こ》んで行くぞ
遊戯《ゆうぎ》…
一体《いったい》何《なに》を……
行けーー!敵陣《てきじん》にのり込《こ》めーっ!
見《み》ろ!完全《かんぜん》にモクバ様《さま》のモンスターが敵《てき》を包囲《ほうい》したぞ!
もう勝負《しょうぶ》はついたなー遊戯《ゆうぎ》!!

!
お!
ここで初《はじ》めて
あの小僧《こぞう》が
駒《こま》を進《すす》めたぞ!
ゲームを
あきらめては
いなかったのか
――!
ドド
だが
もうおそいぞー
遊戯《ゆうぎ》!!
アルマザウルスが
攻撃《こうげき》をしかける!!
そんな
弱小《じゃくしょう》モンスター
一撃《いちげき》で焼《や》きつくせ
――!!
ゴオ
アルマザウルス
LV《レベル》5
ジュジュ～～～!
脳《のう》ミソスライム
LV《レベル》1
く……
フフ…
まだまだ…
アルマザウルスの力《ちから》は
こんなもんじゃないぞ!

さらにもう一匹《びき》撃破《げきは》ーー!!
アルマザウルス
LV《レベル》5
必殺技《ひっさつわざ》
●アルマアタック
(丸《まる》くなり相手《あいて》に体当《たいあ》たり)
LV《レベル》3以下《いか》のモンスターはまずたち打《う》ちできない
トッポー
LV《レベル》1
わははは──
遊戯《ゆうぎ》──っ!
すでにお前《まえ》のモンスターは残《のこ》り三匹《びき》だぜい!
ドドド
……
最後《さいご》まで……
最後《さいご》まであきらめるな!
こーなったら遊戯《ゆうぎ》のモンスターをアルマザウルス一体《たい》で全滅《ぜんめつ》させるのもおもしろいぜー!
ギャハハハハー
行《い》け──
アルマザウルス!
そいつもペシャンコにしてやれー!

ニャ
モグリン
LV《レベル》1
特技《とくぎ》
●もぐる
ザク ザ
ゴロ ゴロ
!
な…なに……
バカな……
地中《ちちゅう》に潜《もぐ》った!!
アルマザウルスの勢《いきお》いが止《と》まらない!!
その先《さき》には……
ゴロ
ゴロ
!
オレのモンスターが!!
メガトン
LV《レベル》5

ドガアァ
く……
ゴゴッ
レベルの高《たか》い
モンスターは
並《なみ》はずれた力《ちから》を
持《も》っているが
時《とき》には加減《かげん》も
必要《ひつよう》だぜ!
同《どう》士《し》討《う》ち
…!!!
遊戯《ゆうぎ》め…
初《はじ》めから
これを狙《ねら》って
やがったのか…
これで
お前《まえ》のモンスターも
残《のこ》り三体《たい》だぜ!
モクバ
モクバ様《さま》の
モンスターが
二体《たい》やられた!
これで数《かず》なら
互角《ごかく》だ!!
ドドド
よーし!
遊戯《ゆうぎ》の反撃《はんげき》だぜ
!
さらにオレは
この駒《こま》を進《すす》め
「ソイドーM《エム》」に
攻撃《こうげき》をしかける
……
だが レベル2の
モンスターでは到底《とうてい》
力《ちから》は及《およ》ばない……
イカニンジャ
LV《レベル》2
レベルの低《ひく》い
モンスターは
こうするしか敵《てき》を
倒《たお》す手段《しゅだん》はない…
…許《ゆる》してくれ……

イカニンジャ
LV《レベル》2
特技《とくぎ》
●自爆《じばく》
く……く……
オ…オレのモンスターを道《みち》づれに自爆《じばく》しやがった〜〜!!
遊戯《ゆうぎ》めぇ〜!
そして……
道《みち》は開《ひら》かれたぜ!
え…!?
進化《しんか》マス
!!
「進化《しんか》マス」まで無防備《むぼうび》状態《じょうたい》だ!!
遊戯《ゆうぎ》めえええっ 他《ほか》の駒《こま》を犠牲《ぎせい》にして一体《いったい》の弱小《じゃくしょう》モンスターを「進化《しんか》マス」に進《すす》ませるのが狙《ねら》いだったのか――!!!

進化《しんか》マス
オレのモンスターは遠《とお》すぎる! ビートンの進化《しんか》を阻止《そし》できない!!
ビートン LV《レベル》2
「進化《しんか》マス」に到達《とうたつ》したモンスターは一気《いっき》に三段《だん》レベルの進化《しんか》を果《は》たす!!
ってことはレベル2の弱小《じゃくしょう》モンスターも……
最強《さいきょう》モンスターに姿《すがた》を変《か》える!!
「進化《しんか》マス」に入《はい》った!!

進化《しんか》する!!
見《み》ろ!
あのモンスター見《み》る見《み》る姿《すがた》を変《か》えていくぞ!
……!!
ビートンLV《レベル》2
進化《しんか》
ハイパー・ビートル
LV《レベル》5
どんなに力《ちから》の弱《よわ》いモンスターでもその一歩《いっぽ》を信《しん》じて前進《ぜんしん》すれば必《かなら》ず強《つよ》くなれるんだ!!

!!
行《い》くぜー！
ハイパー・ビートル
LV《レベル》5
特技《とくぎ》
●飛行《ひこう》
●つのアタック
オォォ
攻撃《こうげき》！
ナマハーゲン
LV《レベル》4
つのアタック!!
ぐあ…
く……
やられた……
おお！
ドオォ
モクバ様《さま》のモンスターは残《のこ》り一体《たい》だ!!

ビッグ・フット
LV《レベル》5
ハイパー・ビートル
LV《レベル》5
遊戯《ゆうぎ》…このバトルで決着《けっちゃく》だ!!
クク…ハイパー・ビートルは遠距離攻撃《えんきょりこうげき》はかなりの破壊力《はかいりょく》があるが…
接近戦《せっきんせん》ではビッグ・フットのパワーが勝《まさ》る!!
ゴゴゴ

バトル!!
ニャ

ハハハ——
ハイパー・ビートル
撃破《げきは》ーっ!!
遊戯《ゆうぎ》!お前《まえ》は
もう終《お》わりだ!!
く…!!
ククク…
遊戯《ゆうぎ》…
たしか
もう一匹《ぴき》
フィールドに
隠《かく》れてたよなー
それを
オレが
見逃《みのが》すとでも
思《おも》ってたかー!
!!
!?
モグリン
LV《レベル》1
●特技《とくぎ》「もぐる」で
アルマザウルス
の攻撃《こうげき》をかわし
そのまま地中《ちちゅう》に
いた
おー
一匹《ぴき》
隠《かく》れてたぞー
やったぞ
オレの
勝《か》ちだ!!
ハハハ——
ビッグ・フット!
その臆病《おくびょう》モンスターを
踏《ふ》みつぶせー!!
ウオッホー!!
もう
ダメだーっ!

ピキ★
勝負《ゲーム》は最後《さいご》までわからないぜ…
え……
!!
ドーン!
!
ビッグ・フットの体《からだ》が……!!
ま…まさか…ハイパー・ビートルの攻撃《こうげき》はクリティカル・ヒットしていた……!?
オレの勝《か》ちだぜ
モクバ!

ズズ
ズ
…!
勝負《ゲーム》はオレの勝《か》ちだぜ…
モクバ

遊闘《バトル》36　無情《むじょう》のラストバトル

バ…バカな……
オ…オレが…
オレが負《ま》けた……!?!?

遊闘《バトル》36
無情《むじょう》のラストバトル

やったぜ！
遊戯《ゆうぎ》が勝《か》った！
オオ
ド
モ…
モクバ様《さま》…
！
まさかー
モクバ様《さま》が
カプモンで
負《ま》けるなんて…
ドド
あの
トンガリ頭《あたま》の
小僧《こぞう》は
何者《なにもの》だ…!!
バカ野郎《やろう》！
トンガリ頭《あたま》じゃ
ねーぜ！
あいつはなー
遊戯《ゆうぎ》ってんだ！
オレの
友達《ダチ》のなぁ！
遊戯《ゆうぎ》…
次《つぎ》はいよいよ
海馬《かいば》との
カード対決《たいけつ》だぜ！
オオオ
く……
ウソだ…
ウソだ…
ウソだ…
ウソだ！
オレは
行《い》くぜ！

海馬《かいば》の待《ま》つ最終《さいしゅう》ステージに……!
待《ま》て! 遊戯《ゆうぎ》…!!
オレは…
オレは信《しん》じないぞー!
オレが負《ま》けるワケないんだー!
カプセル・モンスターのレベルもパワーもオレの方《ほう》が圧倒的《あっとうてき》に有利《ゆうり》だったハズだー!
オレがお前《まえ》に負《ま》ける要素《ようそ》は何《なに》ひとつなかったハズだ——!!

海馬《かいば》!!
バ〜ン☆
ド
オオ
海馬《かいば》!!
フフ…
待《ま》ち
くたびれたぞ…
遊戯《ゆうぎ》!
余興《よきょう》も
いいかげん
あきあきしてた
ところだ
さあ!
その通路《つうろ》を渡《わた》り
エレベーターで
最終《さいしゅう》ステージに
上《あ》がって来《こ》い!

おう 今《いま》 行《い》くぜ!!
待《ま》ってろ 海馬《かいば》!!
ゴゴ
ギロ
兄《にい》サマ…
オ…オレ…
その あわれで すがりつくような 負《ま》け犬《いぬ》の視線《しせん》を……
オレは長年《ながねん》 背中《せなか》に感《かん》じ 続《つづ》けて来《き》た…
昔《むかし》から お前《まえ》には 言《い》い聞《き》かせて いたハズだ… 火遊《ひあそ》びは 火傷《やけど》の元《もと》だとな……
兄《にい》サマ…
わかっているな! そのゲームボックスから 出《で》ることが許《ゆる》されるのは 勝者《しょうしゃ》のみ!
敗者《はいしゃ》には 「罰《ばつ》ゲーム」が 待《ま》っている!!
それが 「DEATH-T《デス ティー》」の 掟《おきて》だ!!

え…!?
まさか………
まさか…兄《にい》サマがオレに…
ゴゴゴゴ
「死《し》の体感《たいかん》」を…!!
ゴゴゴ
うわあああああ
ぎゃああああぁぁぁ
!
モクバ!!
まさか! 海馬《かいば》は弟《おとうと》のモクバに「罰《ばつ》ゲーム」を!!!

ヒーーッ
おおおお
兄《にい》サマ…
助《たす》けて!!
ウギャアアアアアー
モクバ!!
モクバ…
この手《て》を
つかめ!!
……

……!
ハッ!
な……
なぜだ…!?
なぜ オレを…!?
モクバ…
オレがゲームに勝《か》てたのは 手《て》をさしのべてくれる 仲間《なかま》がいたから なんだぜ……
……

仲間《なかま》…!?
く……
モクバ!
くだらない
兄弟《きょうだい》の情《じょう》などを
捨《す》てぬ限《かぎ》り貴様《きさま》は
永遠《えいえん》に負《ま》け犬《いぬ》だ!
くそーーっ!
う……
兄《にい》サマ…
兄《にい》サマは
変《か》わって
しまったんだ…
あの日《ひ》から……
……まるで
ゲームの悪魔《あくま》に
とりつかれた
みたいに…

遊戯《ゆうぎ》・・・
お前《まえ》なら兄《にい》サマを・・・・・・
パン★
DEATH《デス》-T-5《ティーファイブ》最終《さいしゅう》ステージに行《い》くぞ!
すべての復讐《ふくしゅう》はそこで完結《かんけつ》する!!

くそ——海馬《かいば》サマと遊戯《ゆうぎ》の闘《たたか》いは この上《うえ》の闘戯場《とうぎじょう》でやるんだとー!
ドドド
押《お》すなー!!
オレ達《たち》も早《はや》いとこ次《つぎ》のステージの客席《きゃくせき》を確保《かくほ》しないとな!!
お前《まえ》らもこのまま上《うえ》のステージに来《き》てもらうぜ!
おう!
できればアリーナの特A《とくエー》で頼《たの》むぜ!
海馬《かいば》の野郎《やろう》がよー遊戯《ゆうぎ》にぶっ倒《たお》されっトコよ~く拝《おが》める席《せき》でなー!
く…
ついでに……
ちょっとケータイかけさせろ!
ピッピッ
アレッ? オレの携帯《けいたい》がない…!
ねえ…どこかけるのよ?
遊戯《ゆうぎ》のじーさんのいる病院《びょういん》だ!
誰《だれ》もついてってやれなかったから花咲《はなさき》に看病《かんびょう》を頼《たの》んでおいたんだ!
ハイ…お待たせしました…
病院
あ 城之内《じょうのうち》さん…!
ハイ…今《いま》緊急《きんきゅう》の手術《しゅじゅつ》が行《おこな》われてて…
もう一時間以上《いちじかんいじょう》経《た》ちます…

──ただ
担当医《たんとうい》が言《い》うには…かなり絶望的《ぜつぼうてき》だと……
!!
ハッ
ハッ
……そうか…花咲《はなさき》…そのままじーさんをみててくれ!
ハイわかりました!
がんばって下《くだ》さい……!遊戯《ゆうぎ》くんのおじいさん…
遊戯《ゆうぎ》…
ハッ
ハッ
遊戯《ゆうぎ》…
どう…
かなりヤバイらしい…
…!
ちっ…
本田《ほんだ》のケータイかけても応答《おうとう》がねえし……
状況《じょうきょう》は最悪《さいあく》だぜ…
…!
とにかく今《いま》は…遊戯《ゆうぎ》の闘《たたか》いを見守《みまも》ってやることしかできねえ…!

ゴオォォォォォ
海馬《かいば》…
お前《まえ》のために
みんなが
傷《きず》ついてゆく…
お前《まえ》だけは
絶対《ぜったい》許《ゆる》さないぜ!!
ガーッ
!
これが
「DEATH《デス》-T《ティー》-5《ファイブ》」
ドーム型闘戯場《がたとうぎじょう》
か!!
ム…

ドオオオオオ
ゴゴゴ
ガーッ
お！見《み》ろ！
海馬《かいば》サマだー！

最《さい》終《しゅう》ステージにようこそ！遊《ゆう》戯《ぎ》くん！
海《かい》馬《ば》!!
ゴゴゴゴ
ドオオオオォ

フフ……もはやオレ達《たち》に言葉《ことば》は意味《いみ》を持《も》たない……
オレ達《たち》に代《か》わって運命《うんめい》を決《き》めるのは……
カードのみ!!
おう!
じーちゃんの魂《たましい》のカードデッキ!!

ククク…
ここまで這《は》い上《あ》がって来《き》たことには 素直《すなお》に敬意《けいい》を払《はら》うよ…
だが遊戯《ゆうぎ》…残念《ざんねん》ながらお前《まえ》は ここで死《し》ぬことになるだろう…
オレのデッキの中《なか》には 最強《さいきょう》を誇《ほこ》る「青眼《ブルーアイズ》の白龍《ホワイトドラゴン》」のカードが三枚《まい》入《はい》っている!
それに勝《まさ》るカードはこの世《よ》には存在《そんざい》しないのだ!!
ゲームの前《まえ》に…
お互《たが》いのカードをカット・アンド・シャッフル!!
マジック&《アンド》ウィザーズ
遊戯《ゆうぎ》・ライフポイント
2000
オレはじーちゃんのカードを信《しん》じて……

いよいよ始《はじ》まるぞ!
ドオオオオ
遊戯《ゆうぎ》…
決闘《デュエル》!!
バッ☆
海馬《かいば》・ライフポイント
2000
必《かなら》ず勝《か》つ!!
ククク……

「砦《とりで》を守《まも》る翼竜《よくりゅう》」カード!!
砦《とりで》を守《まも》る翼竜《よくりゅう》
攻撃力《こうげきりょく》 1400
守備力《しゅびりょく》 1200
攻撃《こうげき》!!
受《う》けてたとう!!
オレのカードは…
「火球《かきゅう》の飛礫《つぶて》」!!!

「サイクロプス」!!
サイクロプス ★★★★★
攻撃力《こうげきりょく》 1200
守備力《しゅびりょく》 1000
ウギャアアアア!
今《いま》の攻撃《こうげき》で「サイクロプス」を撃破《げきは》!
海馬《かいば》! お前《まえ》のライフポイントは二〇〇削《けず》られる!
フ……
痛《いた》くも痒《かゆ》くも……
ないね!
海馬《かいば》・ライフポイント
1800

「岩《とりで》を守《まも》る翼竜《よくりゅう》」カードの「火球《かきゅう》の飛礫《つぶて》」の攻撃《こうげき》で海馬《かいば》の「サイクロプス」を撃破《げきは》!!
岩《とりで》を守《まも》る翼竜《よくりゅう》 ★★★★★
攻撃力《こうげきりょく》 1400
守備力《しゅびりょく》 1200
攻撃力《こうげきりょく》 1200
守備力《しゅびりょく》 1000
遊戯《ゆうぎ》・ライフポイント 2000
ギッ
海馬《かいば》・ライフポイント 1800
遊闘《バトル》37 死闘《しとう》!!死闘《しとう》!!
ドオオオ
お——! 最初《さいしょ》のバトルは遊戯《ゆうぎ》のカードが勝ったぞー!
まだまだー 海馬《かいば》サマの反撃《はんげき》はこれからだ!!
フフ… 最初《さいしょ》のターンはお前《まえ》に花《はな》を持《も》たせてやっただけさ…
オレの山札《やまふだ》の中《なか》には「青眼の白龍《ブルーアイズ・ホワイトドラゴン》」カードが三枚《まい》入っている!
この決闘《デュエル》! すでに結果《けっか》は知《し》れている!!
オレは じーちゃんのカードデッキを信《しん》じて海馬《かいば》を倒《たお》す!!

マジック&《アンド》ウィザーズ！それはプレイヤーが魔法使《まほうつか》いという設定《せってい》でモンスターや魔法《まほう》のカードを使《つか》って行《おこな》うカードバトル!!
ドオオオオ
次《つぎ》はオレがカードを引《ひ》く番《ばん》だ！
遊闘《バトル》37
死闘《しとう》!!死闘《しとう》!!
マジック&《アンド》ウィザーズ
ルール及《およ》びバトルシステム
○プレイヤーはライフポイント2000点《てん》とし、40枚《まい》のカードを用意《ようい》する。
最初《さいしょ》に5枚《まい》のカードを引《ひ》いてゲームスタート。
○プレイヤーはターンごとに「モンスターカード」を出《だ》し「攻撃《こうげき》」か「守備《しゅび》」を選択《せんたく》する。
○ライフポイントが先に0になった側《がわ》が負《ま》け。
○相手《あいて》のモンスターに攻撃《こうげき》をしかけた場合《ばあい》
「攻撃《こうげき》」表示《ひょうじ》のモンスターへの攻撃《こうげき》
○攻撃《こうげき》ポイントの高《たか》い方《ほう》が勝《か》ち
マイナスポイントがプレイヤーのライフポイントに加算《かさん》される。
負《ま》けた側《がわ》のモンスターは消去《しょうきょ》。
「守備《しゅび》」表示《ひょうじ》のモンスターへの攻撃《こうげき》
○「守備《しゅび》」側《がわ》のポイントが高《たか》い場合《ばあい》
マイナスポイントが「攻撃《こうげき》」側《がわ》のライフポイントに加算《かさん》される
モンスターはそのまま。
○「攻撃《こうげき》」側《がわ》のポイントが高《たか》い場合《ばあい》
「守備《しゅび》」側《がわ》のモンスターは消《き》える
プレイヤーのライフポイントには支障《ししょう》なし。

フフ
遊戯《ゆうぎ》…
オレがカードを引《ひ》くたびに お前《まえ》のノミの心臓《しんぞう》から鼓動《こどう》が伝《つた》わってくるようだよ
オレが「青眼《ブルーアイズ》の白龍《ホワイトドラゴン》」を引《ひ》いた時《とき》 それは同時《どうじ》にお前《まえ》の死《し》を意味《いみ》するワケだからな…
オレの引《ひ》いたカードは…
邪悪《じゃあく》なる
ワーム・ビースト ★★★★★
攻撃力《こうげきりょく》 1400
守備力《しゅびりょく》 700
ゴゴゴ
「邪悪《じゃあく》なるワーム・ビースト」!!
レベル・攻撃力《こうげきりょく》ともに「砦《とりで》を守《まも》る翼竜《よくりゅう》」と互角《ごかく》!!
すかさずバトル!!
ズズ
受《う》けてたつぜ!
ドドド

ズドドド
「ワーム・ビースト」の攻撃《こうげき》！「ポイズン・ゾール」
敵《てき》モンスターの体《からだ》を溶《と》かす毒液攻撃《どくえきこうげき》だ!!
!
「砦《とりで》を守《まも》る翼竜《よくりゅう》」の特技《とくぎ》「飛行《ひこう》」!!
敵《てき》の攻撃《こうげき》の回避確率《かいひかくりつ》三十五パーセント！
バッ
成功《せいこう》！
く…
「翼竜《よくりゅう》」の攻撃《こうげき》!!

ダーク・グライド！
闇《やみ》・道化師《どうけし》のサギー
攻撃力《こうげきりょく》 1800
守備力《しゅびりょく》 1500
砦《とりで》を守《まも》る翼竜《よくりゅう》
攻撃力《こうげきりょく》 1400
守備力《しゅびりょく》 1200
やられた！
!!
遊戯《ゆうぎ》・ライフポイント
1600
フフフフフ…
「砦《とりで》を守《まも》る翼竜《よくりゅう》」撃破《げきは》!!

ドーーン!!
その正体《しょうたい》は…
フフ… ーだがこいつの今《いま》の攻撃力《こうげきりょく》では「翼竜《よくりゅう》」には勝《か》てない!
そこで…
「闇《やみ》・道化師《どうけし》のサギー」
闇《やみ》・道化師《どうけし》のサギー
★★★★
攻撃力《こうげきりょく》 600
守備力《しゅびりょく》 1500
魔法《まほう》カード「闇《やみ》・エネルギー」で攻撃力《こうげきりょく》を三倍《ばい》に!!
ブゴゴゴゴ
闇《やみ》エネ
(魔法《まほう》)
「闇《やみ》」属性《ぞくせい》のモンスターに限《かぎ》り攻撃力《こうげきりょく》を3倍《ばい》にする
攻撃力《こうげきりょく》600
↓
攻撃力《こうげきりょく》1800
ズズズ
そして「翼竜《よくりゅう》」に攻撃《こうげき》!!
!!

オレのターン！
山札《やまふだ》からカードを一枚《まい》引《ひ》く！
海馬《かいば》の出《だ》した「壁《かべ》」となっているモンスターの正体《しょうたい》がわからない
むやみに攻撃《こうげき》しても奴《やつ》の守備力《しゅびりょく》が上回《うわまわ》っていたらこっちがやられるおそれがあるぜ…
ここはオレも場《ば》にカードを出《だ》してモンスターを「守備《しゅび》」状態《じょうたい》にしておく
ターン終了《しゅうりょう》！
フフなるほど…
オレが「青眼の白龍《ブルーアイズホワイトドラゴン》」を出《だ》す前《まえ》に場《ば》に「壁《かべ》」モンスターをふやしておくつもりか…
しかし——
それは無意味《むいみ》だな！
「青眼の白龍《ブルーアイズホワイトドラゴン》」カードを出《だ》さなくともお前《まえ》を倒《たお》すことはできるさ！
それを今《いま》から証明《しょうめい》してやる！
「壁《かべ》」モンスターの「守備《しゅび》」表示《ひょうじ》を「攻撃《こうげき》」にする!!
ゴゴゴ

「火球《かきゅう》の飛礫《つぶて》」!!
グギャア〜〜〜ッ!
「翼竜《よくりゅう》」が「ワーム・ビースト」を撃破《げきは》!!
フ…
攻撃力《こうげきりょく》ポイントが同《おな》じだったからオレのライフポイントは減《へ》ることはない…
まあ良《よ》しとしよう……
海馬《かいば》・ライフポイント
1800
よっしゃあ——!
ドオオオ
ま…また海馬《かいば》サマがやられた…
いいぞー遊戯《ゆうぎ》!
オレのターンは終了《しゅうりょう》したが場《ば》にモンスターがいない…
この場合《ばあい》手札《てふだ》の中《なか》から「壁《かべ》」となるカードを出《だ》さなければならない
さあてどいつにするか………
ここは守備力《しゅびりょく》の高《たか》いこのカードを「壁《かべ》」にしておこう!

フフ…どうだ！
「闇《やみ》・道化師《どうけし》のサギー」に「闇《やみ》」属性魔法《ぞくせいまほう》「闇《やみ》・エネルギー」を加《くわ》えたコンボ攻撃《こうげき》の破壊力《はかいりょく》は！
く…
たしかにこのゲームは単《たん》に強力《きょうりょく》カードを入《い》れておけば勝《か》てるというものではない！
モンスターカードと魔法《まほう》カードとのコンビネーションこそが勝利《しょうり》の鍵《かぎ》となるんだ！
海馬《かいば》め…やはり このゲームを知《し》り尽《つ》くしているぜ!!
だが！オレのカードはゲームマスターのじーちゃんが構築《こうちく》したデッキだぜ！
この中《なか》に海馬《かいば》に勝《か》つ秘策《ひさく》が隠《かく》されているハズだ!!
！
く…
ダメだ！
封印《ふういん》されし者《もの》の右足《みぎあし》 ★★
攻撃力《こうげきりょく》 200
守備力《しゅびりょく》 300
こんなカードじゃ「闇《やみ》・道化師《どうけし》」は倒《たお》せない!!
他《ほか》のモンスターカードを「守備《しゅび》」表示《ひょうじ》にして持《も》ちこたえるしかない！
クリッター ★★★★
攻撃力《こうげきりょく》 1000
守備力《しゅびりょく》 600
ならば端《はし》から順番《じゅんばん》に蹴《け》ちらしてやるまでだ!!

グオオオ～
ダーク・グライド!!
!!
くそ…
ククク……
ダメだ…
魔法《まほう》でパワーアップした「闇《やみ》・道化師《どうけし》」を迎《むか》え撃《う》つカードがない!
遊戯《ゆうぎ》・ライフポイント
1400
さすが海馬《かいば》サマだぜ!
遊戯《ゆうぎ》ってガキー防戦一方《ぼうせんいっぽう》じゃないかー!!
ドオオオッ

遊戯《ゆうぎ》!
遊戯《ゆうぎ》!!
頑張《がんば》って……
おじいさんのために……
遊戯《ゆうぎ》!
負《ま》けんじゃねえ!!
ダーク・グライド!!
遊戯《ゆうぎ》……
お前《まえ》には少々《しょうしょう》ガッカリさせられたよ!
この勝負《しょうぶ》「青眼の白龍《ブルーアイズホワイトドラゴン》」を出《だ》すまでもなさそうだ!!
……

所詮《しょせん》……
死《し》にぞこないのじじいが残《のこ》したカードデッキだ!
カードからも死《し》に際《ぎわ》の息衝《いきづ》きが聞《き》こえてくるようだ!
ハハハハハー
!!
遊戯《ゆうぎ》…
お前《まえ》なら海馬《かいば》に勝《か》てる…
じーちゃん…
じーちゃんはオレを信《しん》じてこのカードをオレにたくしたんだ!
オレには聞《き》こえるぜ!
ドクン
ドクン
じいちゃんの熱《あつ》い魂《たましい》の鼓動《こどう》が!!
海馬《かいば》…
お前《まえ》のカードに信《しん》じる力《ちから》は宿《やど》っているか!
…!
なに……
オレはこのカードを信《しん》じるぜ!!

「暗黒騎士《あんこくきし》ガイア」のカード!!
ゴゴゴ
ゴゴ
暗黒騎《あんこくき》士ガイア
攻撃力《こうげきりょく》 2300
守備力《しゅびりょく》 2100
!!
「闇《やみ》・道化師《どうけし》」に攻撃《こうげき》!!
「暗黒騎士《あんこくきし》ガイア」…魔道騎士族《まどうきしぞく》の中《なか》で最強《さいきょう》を誇《ほこ》るカードだ!
ドドド

螺・旋・槍・殺
スパイラルシェイバー!!
グ…
ギ…
ギリリ…
撃破《げきは》!!

ドオオオ
これで ポイントは また互角《ごかく》だ!
すげー 闘《たたか》いだぜ!
カードに 信《しん》じる力《ちから》は 宿《やど》っているぜ! 遊戯《ゆうぎ》!!
ほーー
まだ 切《き》り札《ふだ》を 持《も》っていたか…
海馬《かいば》・ライフポイント
1300
勝負《しょうぶ》は わからないぜ
最後《さいご》までな……
遊戯《ゆうぎ》・ライフポイント
1400
くくく… うぬぼれるな…
結末《けつまつ》は 決《き》まっているんだ!
次《つぎ》はオレの ターンだ!
フフ…

「青眼《ブルーアイズ》の白龍《ホワイトドラゴン》」のカードを引《ひ》いた!!
ドー
！
青眼《ブルーアイズ》の白龍《ホワイトドラゴン》!!
わははは――！
青眼《ブルーアイズ》の白龍《ホワイトドラゴン》
攻撃力 3000
守備力 2500
せっかく切《き》り札《ふだ》を引《ひ》いたのに残念《ざんねん》だったなぁ!!

く…!
とうとう出《で》やがった——「青眼《ブルーアイズ》の白龍《ホワイトドラゴン》」!!!
勝負《しょうぶ》は決《き》まった!!
遊戯《ゆうぎ》!

「青眼の白龍《ブルーアイズホワイトドラゴン》」の攻撃《こうげき》!!
「滅《ほろ》びのバースト・ストリーム《爆裂疾風弾》」!!
青眼の白龍《ブルーアイズホワイトドラゴン》
攻撃力《こうげきりょく》 3000
守備力《しゅびりょく》 2500
「暗黒騎士《あんこくきし》ガイア」粉砕《ふんさい》!!!
グギ……

暗黒騎士《あんこくきし》ガイア
攻撃力《こうげきりょく》 2300
守備力《しゅびりょく》 2100
ハハハハハ
遊戯《ゆうぎ》!
オレの山札《やまふだ》の中《なか》には さらに「青眼《ブルーアイズ》の白龍《ホワイトドラゴン》」が二枚残《まいのこ》っている!
お前《まえ》はもう終《お》わりだぁぁ!!
ギャアアアアア
遊戯《ゆうぎ》!!
!!
じーちゃん…オレはどうすれば…
遊戯《ゆうぎ》・ライフポイント
700

ククク「青眼《ブルーアイズ》の白龍《ホワイトドラゴン》」のカードを引《ひ》いた!!
お前《まえ》はもう終《お》わりだ! 遊戯《ゆうぎ》!!

遊闘《バトル》38 青眼《ブルーアイズ》の恐怖《きょうふ》!!

じーちゃん…オレはどうすれば海馬《かいば》を倒《たお》すことができるんだ…!
ドクン
遊戯《ゆうぎ》・ライフポイント
700

ズ
!!
さあ!
カードを引《ひ》け!!
遊戯《ゆうぎ》!
海馬《かいば》・ライフポイント
1300
まあ どんなモンスターを
出《だ》そうが
「青眼《ブルーアイズ》の白龍《ホワイトドラゴン》」が
蹴《け》ちらしてやるがな!
ククク
インプ
★★★★★
攻撃力《こうげきりょく》 1300
守備力《しゅびりょく》 1000
ダメだ…
「青眼《ブルーアイズ》の白龍《ホワイトドラゴン》」に
対抗《たいこう》できる
カードはない!!
「守備《しゅび》」
表示《ひょうじ》!!
オオオオ
「青眼《ブルーアイズ》の白龍《ホワイトドラゴン》」に
勝《か》てるカードは
ないぜ!
この勝負《しょうぶ》
決《き》まったな!!
遊戯《ゆうぎ》!!

攻撃《こうげき》!!
く…
粉砕《ふんさい》!
玉砕《ぎょくさい》!
大喝采《だいかっさい》ー!
見苦《みぐる》しい 見苦《みぐる》しいぞー!
モンスターを「守備《しゅび》」表示《ひょうじ》にして 場《ば》に出《だ》しておけば ブッ殺《ころ》されても お前《まえ》のライフポイントは 減《へ》ることはない!
だが——
それは 露《つゆ》の間《ま》の命《いのち》を 惜《お》しむ延命策《えんめいさく》に すぎないぞ! 遊戯《ゆうぎ》——!
…!
たしかに 海馬《かいば》の 言うとおり だ!
しかし モンスターを 「攻撃《こうげき》」表示《ひょうじ》に した瞬間《しゅんかん》 オレは負《ま》ける…!
さあ! 次《つぎ》のモンスターを 場《ば》に出《だ》せ!
いずれ 貴様《きさま》のカードは 底《そこ》をつき 負《ま》けることに なるだろうがな!
く…!
だめだ… 攻撃力《こうげきりょく》の低《ひく》い カードしかない
「守備《しゅび》」表示《ひょうじ》!

攻撃《こうげき》…
ビクッ
──をすると思《おも》うか?
しないね…ここはしない!
そんなクソ弱《よわ》いモンスターを蹴散《けち》らすよりもここはもう一枚《まい》カードを引《ひ》いて場《ば》に攻撃《こうげき》モンスターを増《ふ》やしておこう!
ム…
やはりそう来《き》たか…!
ゴゴゴ
敵《てき》モンスター一体《たい》の攻撃《こうげき》には一体《たい》のモンスターでしか対抗《たいこう》できない…
攻撃《こうげき》モンスターを増《ふ》やされたら「壁《かべ》」モンスターが足《た》りなくなり次《つぎ》のターンで確実《かくじつ》に負《ま》ける!
よくよくオレは勝利《しょうり》の女神《めがみ》につきまとわれているようだ…
オレの次《つぎ》のカードは
な…!
ゴゴゴ

「青眼《ブルーアイズ》の白龍《ホワイトドラゴン》」!!
ハァアアアアアッ
「青眼《ブルーアイズ》の白龍《ホワイトドラゴン》」が二体《たい》!!
ククク… 次《つぎ》のターンで この二体《たい》が同時《どうじ》に 攻撃《こうげき》を仕掛《しか》けるぞ!
絶体絶命《ぜったいぜつめい》だな 遊戯《ゆうぎ》!
く…
ドクン
この場《ば》に もう一体《たい》 「壁《かべ》」モンスターを出《だ》して このターンをしのいでも 次《つぎ》のターンでは 対抗手段《たいこうしゅだん》がない…
オレの負《ま》けか…
勝《か》った!!
ドオオオオ
海馬《かいば》サマの勝《か》ちだー!
遊戯《ゆうぎ》には もう なす術《すべ》なしだぜー!
遊戯《ゆうぎ》…
あきらめるな… 最後《さいご》まで…

じーちゃん！
オレは…
オレはあきらめない…!!
このゲームを闘《たたか》っているのはオレひとりじゃないんだ!!
このカードに賭《か》ける！

光《ひかり》の護《ご》封《ふう》剣《けん》(魔《ま》法《ほう》)
天《てん》より聖《せい》なる光《ひかり》の剣《けん》がふりそそぎ
いかなる頑強《がんきょう》なモンスターも
3ターンのみ その力《ちから》を封《ふう》じ込める！
!!
魔法《まほう》カード「光《ひかり》の護《ご》封《ふう》剣《けん》」を引《ひ》いた!!
「青眼の白龍《ブルーアイズホワイトドラゴン》」が光《ひかり》の剣《けん》によって封《ふう》じ込《こ》められる!!
なに!!

グアアアア
ギァアオオオ…
これで三ターンだけだが「青眼の白龍《ブルーアイズホワイトドラゴン》」の攻撃《こうげき》をまぬがれることができるぜ！
く…
まだ悪《わる》あがきをするつもりか…
遊戯《ゆうぎ》めぇぇ…
オオ
まだ勝負《しょうぶ》はわからないぜ！
いいぞ！遊戯《ゆうぎ》!!

ズズン…
まあ これで貴様《きさま》の悪運《あくうん》も使《つか》い果《は》たしたことだろう…
「青眼《ブルーアイズ》の白龍《ホワイトドラゴン》」が封《ふう》じ込《こ》められるのはたったの三ターンだ!
三ターンで何《なに》が できるというのかな…?
………
たしかに…三ターンだけ命《いのち》をつないだものの…何《なん》の術《すべ》もないのは事実《じじつ》だ…
さて…次《つぎ》はオレがカードを引く番《ばん》だ…
このモンスターは「守備《しゅび》」表示《ひょうじ》にしよう
貴様《きさま》の息《いき》の根《ね》は「青眼《ブルーアイズ》の白龍《ホワイトドラゴン》」が止《と》める…
それがオレのフィナーレのビジョンだからな…
さあ「死《し》」へのカウントダウンだ
最初《さいしょ》のターンのカードを引《ひ》くがいい!
シャアアアアア

オレの手札《てふだ》は
四枚《まい》…
その中《なか》で
バトルに使《つか》える
モンスターカードは
一枚《まい》のみ…
あとの三枚《まい》は
意味《いみ》すらわからない
不必要《ふひつよう》なカード…
封印されし者の 左足 ★★ 攻撃力 200 守備力 300
封印されし者の 左腕 ★★
封印されし者の 右足 ★★ 攻撃力 200 守備力 300
ダメだ…
海馬《かいば》を倒《たお》す
策《さく》などない…
せっかく引《ひ》きあてた
魔法《まほう》カード──
「光《ひかり》の護封剣《ごふうけん》」も
時間《じかん》かせぎでしか
ないのか…
オレの
負《ま》けか…
!
じーちゃん…
ほほ…
うかない
顔《かお》じゃのー
遊戯《ゆうぎ》…

遊戯《ゆうぎ》…
もう あきらめたか… お前《まえ》らしくも ないのう…
でも… ボクは どうすれば …
遊戯《ゆうぎ》…
昔《むかし》 お前《まえ》が 苦《くる》しんでおった時《とき》 どう乗《の》り越《こ》えたかを 思《おも》い出《だ》して見《み》るんじゃ…
え…!?
……
千年《せんねん》パズル…
千年《せんねん》パズルを 組《く》みたてたんだ!
フム…
お前《まえ》は そのパズルのピースを ひとつひとつ 組《く》み合《あ》わせ…
最後《さいご》まであきらめず 自分《じぶん》を信《しん》じて パズルを完成《かんせい》させた じゃろ!
うん
遊戯《ゆうぎ》!
この世《よ》に 意味《いみ》のない物《もの》など ないんじゃ!
パズルの かけら《ピース》のように
カードにもの…
え…!?
あ…
じーちゃん…
オォ
千年《せんねん》パズル…!?
カード…!
オォ

ドオオオオ
ハッ
「エクゾディア」!!
まさか…
オ
このカードデッキの中《なか》に…
オ
「エクゾディア」が!!
ドドドド
遊戯《ゆうぎ》!
何《なに》をグズグズしている!
早《はや》くカードを引《ひ》け!!

!
意味《いみ》のない カードなどはない！
!!
そうか！
昔《むかし》 じーちゃんに 聞《き》いたことがある！ マジック&《アンド》ウィザーズの カードは通常《つうじょう》一枚《まい》に モンスターが一体《たい》として 独立《どくりつ》している…
しかし この世界《せかい》には たった一体《たい》…… 五枚《まい》のカードが揃《そろ》って 初《はじ》めて召喚《しょうかん》できる モンスターが存在《そんざい》すると… ……
じゃがのー 遊戯《ゆうぎ》… 未《いま》だかって その五枚《まい》のカードを 揃《そろ》えた者《もの》は おらんのじゃよ…
つまり ワシを含《ふく》め その幻《まぼろし》の召喚神《しょうかんしん》 「エクゾディア」を 見《み》た者《もの》は おらんということじゃな！
！
「エクゾディア」！
じーちゃんは その五枚《まい》の カードを このデッキの中《なか》に …！
「封印《ふういん》されし者《もの》の右足《みぎあし》」！
そして 「腕《うで》」！
そうか！ 封印《ふういん》された 体《からだ》のパーツを 集《あつ》めるんだ！
今《いま》 オレの手札《てふだ》には その内《うち》の 三枚《まい》がある!!

遊戯《ゆうぎ》!
命乞《いのちご》いの
時間《じかん》かせぎの
つもりだろーが
早《はや》くカードを
引《ひ》け!
ああ!
今《いま》
引《ひ》くぜ!
バッ
!
封印《ふういん》されし者《もの》の
右腕《みぎうで》
攻撃力《こうげきりょく》 200
守《しゅ》
封印《ふういん》されし者《もの》の
左足《ひだりあし》
攻撃力《こうげきりょく》 200
守備力《しゅびりょく》 300
封印《ふういん》されし
ド
これで
四枚《まい》が
揃《そろ》った!!
ム…
遊戯《ゆうぎ》のやつ
さっきとは
表情《ひょうじょう》が一変《いっぺん》
したぞ…
フ……
だが
「青眼の白龍《ブルーアイズホワイトドラゴン》」に
勝《まさ》るカードはない…
遊戯《ゆうぎ》の表情《ひょうじょう》は
消《き》えかかるローソクの
最後《さいご》の放光《ほうこう》のような
ものか…

オレの番《ばん》だな…
ジャッジ・マン
★★★★★★
攻撃力《こうげきりょく》 2200
守備力《しゅびりょく》 1500
まあ ジッとしてるのもつまらん……
この「ジャッジ・マン」で「壁《かべ》」となっているモンスターを消《け》しておくか…
さらに遊戯《ゆうぎ》の精神《せいしん》を追《お》いつめる意味《いみ》もある…
ズガァァ
ジャッジ・マン
攻撃力《こうげきりょく》 2200
守備力《しゅびりょく》 1500
ルイーズ
攻撃力《こうげきりょく》 1200
守備力《しゅびりょく》 1500
…!
ククク
残《のこ》り二ターンだ!
ブラック・マジシャン
★★★★★★
攻撃力《こうげきりょく》 2500
守備力《しゅびりょく》 2100
「ブラック・マジシャン」のカード…
この局面《きょくめん》で このカードを「壁《かべ》」にしても「青眼《ブルーアイズ》の白龍《ホワイトドラゴン》」二体《にたい》の前《まえ》では対抗《たいこう》できない…

ならば このカードを
「攻撃《こうげき》」表示《ひょうじ》!
「ジャッジ・マン」に
バトルを仕掛《しか》ける!!
ブラック・マジシャン
攻撃力《こうげきりょく》 2500
守備力《しゅびりょく》 2100
ム…
無駄《むだ》な
あがきを…
黒・魔・導《ブラック・マジック》!!
「ジャッジ・マン」を撃破《げきは》!!
海馬《かいば》!
オレは最後《さいご》まで
ゲームを
あきらめないぜ!
お前《まえ》の
ライフポイントを
わずかでも削《けず》れる
可能性《かのうせい》がある限《かぎ》り!
今《いま》の攻撃《こうげき》で
ライフポイントは
三〇〇マイナスだ!
海馬《かいば》!
ククク…
あ…そう
いよいよ
最後《さいご》の
ターンだ!
もはや
可能性《かのうせい》0
のな…
海馬《かいば》・ライフポイント
1000

そして最後《さいご》にオレの引《ひ》いたカードは……
三枚目《まいめ》の「青眼《ブルーアイズ》の白龍《ホワイトドラゴン》」!!!
!!
「滅《ほろ》びのバースト・ストリーム」!!「ブラック・マジシャン」を撃破《げきは》!!
!

ゴゴゴゴ
ハハハハハハハ
さあ！最後《さいご》のカードを引《ひ》け遊戯《ゆうぎ》!!
く…
遊戯《ゆうぎ》・ライフポイント
200
どんなカードを引《ひ》こうがお前《まえ》は死《し》ぬ事《こと》になるがなぁぁ！
遊戯《ゆうぎ》!!

──今《いま》
「青眼《ブルーアイズ》の白龍《ホワイトドラゴン》」の封印《ふういん》も解《と》かれた!!
次《つぎ》のターンで
三体の「青眼《ブルーアイズ》の白龍《ホワイトドラゴン》」が総攻撃《そうこうげき》をかけるぞ!
ズズ
ズズズ
ハハハハハハー
!
オレの最後《さいご》のターン…
最後《さいご》のカードに オレの命《すべて》をたくすぜ!

ドオオオオオオ
遊闘《バトル》39 死闘《しとう》の果《は》て!!
ついに海馬《かいば》サマが三枚《まい》めの「青眼《ブルーアイズ》の白龍《ホワイトドラゴン》」カードを引《ひ》いたぞ！
オオオ
これで海馬《かいば》サマの勝《か》ちは決《き》まった！
遊戯《ゆうぎ》！
遊戯《ゆうぎ》！
ククク…さあ！
貴様《きさま》がカードを引《ひ》く番《ばん》だぞ…遊戯《ゆうぎ》！
生涯《しょうがい》最期《さいご》のカードをな！
海馬《かいば》・ライフポイント 1000
遊戯《ゆうぎ》・ライフポイント 200

ドク!★

そして…
次《つぎ》のオレのターンで
三体《たい》の「青眼《ブルーアイズ》の白龍《ホワイトドラゴン》」
による総攻撃《そうこうげき》で
貴様《きさま》の息《いき》の根《ね》を
止《と》めてやる! ハハハハハハ
遊闘《バトル》39 死闘《しとう》の果《は》て!!
オレの
勝《か》ちだ!!

ドクン★
今《いま》…
オレの手札《てふだ》の中《なか》の四枚《まい》のカード…
封印《ふういん》されし者《もの》の両腕《りょううで》…両足《りょうあし》…
これらのカードがじーちゃんの言《い》っていた幻《まぼろし》の召喚神《しょうかんしん》──「エクゾディア」のものならば…
五枚《まい》のカードをすべて揃《そろ》えることができれば…「エクゾディア」を召喚《しょうかん》することができる…
残《のこ》された最後《さいご》の一枚《まい》を引《ひ》き当《あ》て…
だが……

それは奇跡《きせき》に等《ひと》しい…
このラストターンで五枚《まい》めのカードを引《ひ》き当《あ》てる確率《かくりつ》はあまりにも低《ひく》すぎる!!
……無理《むり》だ……
オレは…
オレは負《ま》けるのか……
遊戯《ゆうぎ》!
遊戯《ゆうぎ》…
最後《さいご》まであきらめるな!!
遊戯《ゆうぎ》…

ズズ
ズ
ズ

もし
ひとりで
つらい時《とき》があったら
このピースの輪《わ》を
思《おも》い出《だ》して…
!
遊戯《ゆうぎ》………

オレの「恐怖心《きょうふしん》」がカードの距離《きょり》を拡《ひろ》げているんだ！
オレはおびえている…
この最後《さいご》のカードを引《ひ》くことに……
!!

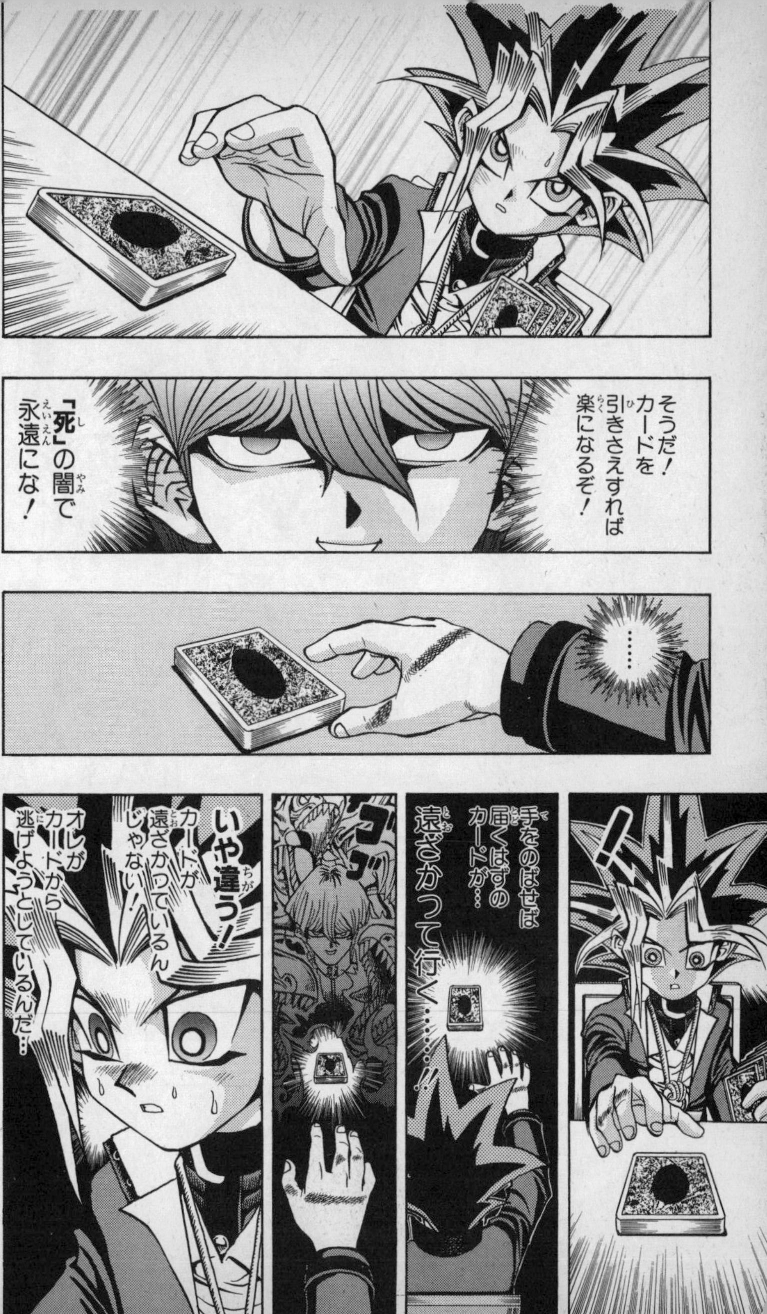
そうだ! カードを引《ひ》きさえすれば楽《らく》になるぞ!
「死《し》」の闇《やみ》で永遠《えいえん》にな!
……
!
手《て》をのばせば届《とど》くはずのカードが…
遠《とお》ざかって行く……!!
ゴゴ
いや違《ちが》う!
カードが遠《とお》ざかっているんじゃない!
オレがカードから逃《に》げようとしているんだ…

さあ！早《はや》くカードを引《ひ》け!!
遊戯《ゆうぎ》！
……
くくく…ためらう必要《ひつよう》などなかろうが！
貴様《きさま》がどんなカードを引《ひ》こうが「青眼《ブルーアイズ》の白龍《ホワイトドラゴン》」三体《たい》にかなうカードなどないのだからな！

遊戯《ゆうぎ》…
オレ達《たち》が
ついてるぜ…
みんな…!
オレには
みんなが…

みんな…
ありがとう…
オレは もう
何《なに》も恐《おそ》れない…
ム…
さつきまでの
「恐怖《きょうふ》」に歪《ゆが》んだ表情《ひょうじょう》が
消《き》えた…!?
「恐怖《きょうふ》」を超越《ちょうえつ》した
「絶望感《ぜつぼうかん》」で
苦《くる》しまぎれの
笑《え》みを浮《う》かべて
いるのか……
海馬《かいば》
それは
違《ちが》うぜ!
オレは
「希望《きぼう》」を
手《て》にしたんだ!

オレの引《ひ》いたカードは…
「封印《ふういん》されしエクゾディア」!!!
封印《ふういん》されしエクゾディア
攻撃力《こうげきりょく》1000　守備力《しゅびりょく》1000
但《ただ》し、神《かみ》の四肢《しし》たるカード４枚《まい》を加《くわ》え５体《たい》を復活《ふっかつ》させし者《もの》あらゆる敵《てき》を一瞬《いっしゅん》に葬《ほうむ》り去《さ》る
……
なに…
「エクゾディア」だと…
今《いま》　五枚《まい》のカードがすべて揃《そろ》った!

「エクゾディア」は
召喚《しょうかん》される!!
ゴゴゴゴゴゴ
!
まさか…
まさか…
「エクゾディア」の
封印《ふういん》カードを
五枚揃《まいそろ》えたと
いうのか…!!

ドド
ドドド

ズ
キ…
ズ
ズズ
キ…
キ…

怒《いか》りの業火《ごうか》
エクゾード・フレイム
エクゾディア
攻撃力《こうげきりょく》∞《無限大》

キ…
キ…
キイイイイイイイ

オ…オレの「青眼《ブルーアイズ》の白龍《ホワイトドラゴン》」があああああ…
たしかに「青眼《ブルーアイズ》の白龍《ホワイトドラゴン》」カードには それ一枚《まい》に強大《きょうだい》な力《ちから》が秘《ひ》められている…
だが一枚《まい》では力《ちから》のないカードでもそれらが結束《けっそく》し生《う》み出《だ》される力《ちから》は何《なに》ものにも負《ま》けない無限《むげん》の力《ちから》となるんだ！
ぜ……ぜん…め…めつめつめつ…
海馬《かいば》・ライフポイント 0
く…く…
……
オレの勝《か》ちだぜ！
海馬《かいば》…

遊闘《バトル》40　心《こころ》の1片《ぺん》

そして負《ま》けた者《もの》への「罰《ばつ》ゲーム」!!
償《つぐな》いの瞬間《しゅんかん》だぜ!
海馬《かいば》!!
うわああああ
遊闘《バトル》40　心《こころ》の1片《ぺん》
ゴゴ
く…
罰《ばつ》ゲーム!!
心《こころ》の崩壊《ほうかい》
MIND-CRUSH《マインドクラッシュ》!

お前《まえ》の悪《あく》に満《み》ちた「心《こころ》」は砕《くだ》け散《ち》ったぜ!!
海馬《かいば》!
ドン
ズズズ

やったぜー
遊戯《ゆうぎ》のヤツ
勝《か》ちやがった
ぜーー!!
遊戯《ゆうぎ》ー!!
遊戯《ゆうぎ》…
もうひとりの
遊戯《ゆうぎ》…
君《きみ》はもう 昔《むかし》の
弱虫《よわむし》なんかじゃ
ないんだね!
ううん…
そんなの
どっちだって
関係《かんけい》ないよ…
海馬《かいば》サマが
負《ま》けた…
あの
遊戯《ゆうぎ》ってチビが
海馬《かいば》サマを
倒《たお》したのか…
遊戯《ゆうぎ》…
遊戯《ゆうぎ》!
じーちゃん
やったよ!
じーちゃんのカードで
海馬《かいば》を倒《たお》したぜ!!
城之内《じょうのうち》くん!
本田《ほんだ》くん…
杏子《あんず》!
力《ちから》をくれて
ありがとう…

ドオオオオ
まさか……
遊戯《ゆうぎ》いいぞー！
…ン…
なんだい…この騒《さわ》ぎは…
うるさくて寝《ね》れやしねーぜ！
ン…
!!
寝《ね》たフリ寝《ね》たフリ…
く……
海馬《かいば》サマ……
さあて…あとはこの状況《じょうきょう》をなんとかしねえとな…
…だがこいつらピストル持《も》ってやがるし…

杏子《あんず》を危険《きけん》にさらすようなことは絶対《ぜったい》できない…
くそ…オレひとりじゃ二人《ふたり》を相手《あいて》にすんのは無理《むり》だぜ…!
ン…
ゴ
ぐおっ…
!!

本田《ほんだ》!!
よ!
く…
きさま…
本田《ほんだ》───!
てめーやっぱ生《い》きてやがったかぁー!!
あたりめーだ!!
あんな墓石《ブロック》に押《お》しつぶされてたまるかって!!
へへ
ヒロトー殺《や》れ!
本田《ほんだ》ー! いけーっ!!
殺《ころ》せー

くたばる前《まえ》に
この世《よ》にゃよー
殴《なぐ》り足《た》んねぇ
野郎《やろう》が多《おお》すぎるぜー!!
くそ…
!
こんガキャああ
ブッ殺《ころ》してやる!!
城《じょう》之《の》内《うち》!
く……

もう
やめろ!!
!!
離《はな》してやれ!
モ…
モクバ様《さま》…!
もういいんだ!
ゲームは
終《お》わったんだ…
…ハ…
オラ
どけよ!
あいつ…
海馬《かいば》の…!?
ああ
弟《おとうと》だぜ!
兄《あに》ゆずりの
どーしよーもねー
クソガキさ!
その
クソガキにオレは
助《たす》けられたって
ワケかよ…
え!?
あの部屋《へや》に しばらく
閉《と》じ込《こ》められてたんだが
このガキが
出口《でぐち》を開《あ》けて
くれやがったのよ!
…だが
海馬《かいば》の弟《おとうと》とは…
ケッ…
オレは
遊戯《ゆうぎ》に借《か》りが
あったからな…
…!

遊戯《ゆうぎ》！
遊戯《ゆうぎ》やったな!!
遊戯《ゆうぎ》!!
遊戯《ゆうぎ》!!
本田《ほんだ》くん!!
…!?
なんか遊戯《ゆうぎ》のやつ…いつもと雰囲気《ふんいき》違《ちが》わねーか…
遊戯《ゆうぎ》は遊戯《ゆうぎ》さ！
みんな…あの時《とき》来《き》てくれたね……
ありがとう…

おう！
いくぞ！
……！
モクバ…君《くん》……
教《おし》えてくれないかな……
海馬《かいば》くんは なぜ…… こんな復讐《ふくしゅう》を……？
すべては あの日《ひ》の チェスが始《はじ》まり だったのかも…

兄《にい》サマが十歳《さい》…
オレが五歳《さい》の時《とき》…
オレ達《たち》兄弟《きょうだい》にはすでに親《おや》はなく…
母《はは》はオレを生《う》んですぐに…
パパもオレが三歳《さい》の時《とき》に事故《じこ》で死《し》んじまったよ……
まわりの親《しん》せきのやつらもパパの遺産《いさん》を喰《く》い荒《あ》らしたあげくオレ達兄弟《たちきょうだい》を施設《しせつ》に預《あず》けやがった!
モクバ…泣《な》くな!いつかオレがいい暮《く》らしをさせてやるから!
だから いいな!他《ほか》のどんな奴《やつ》にも気《き》を許《ゆる》すな!弱《よわ》みを見《み》せたら終《お》わりだ!!
それが兄《にい》サマの口《くち》ぐせだったぜ…
それでも施設《しせつ》の生活《せいかつ》はけっこー気《き》に入《い》ってた!
兄《にい》サマはオレにチェスを教《おし》えてくれて
毎日毎日《まいにちまいにち》チェスに明《あ》け暮《く》れてた…
でも…兄《にい》サマの笑顔《えがお》を見《み》たのはその時《とき》が最後《さいご》だった…
ある日《ひ》
あの男《おとこ》が施設《しせつ》に養子《ようし》を探《さが》しにやって来《き》た…
海馬《かいば》 剛三郎《ごうざぶろう》…
その男《おとこ》が海馬《かいば》コーポレーションの社長《しゃちょう》であり…同時《どうじ》にチェスの世界大会《せかいたいかい》の覇者《はしゃ》であることも兄《にい》サマは知《し》っていた…
その男《おとこ》に兄《にい》サマは言《い》ったんだ——

ハハハハハ
今《いま》なんと言《い》ったのかね?
だからチェスでオレがあんたに勝《か》ったらオレと弟《おとうと》をあんたの養子《ようし》にしてもらいたいのさ!
!
クク…おもしろい子《こ》だな…
兄《にい》サマは勝《か》った…
イカサマゲームを仕組《しく》んだんだ!!
オレ達《たち》の姓《せい》も海馬《かいば》に変《か》わった…
でもそこで始《はじ》まる生活《せいかつ》はオレ達《たち》が望《のぞ》んだものとは正反対《せいはんたい》のものだった!!
海馬《かいば》という男《おとこ》はとんでもない奴《やつ》で
兄《にい》サマにあらゆる英才教育《えいさいきょういく》をたたき込《こ》んだ!
語学《ごがく》・社会学《しゃかいがく》経営学《けいえいがく》・ゲーム戦術《せんじゅつ》…
来《く》る日《ひ》も来《く》る日《ひ》も…
それはまるで拷問《ごうもん》のような日々《ひび》が続《つづ》いた…
でも男《おとこ》は気付《きづ》いていなかった…兄《にい》サマを後継者《こうけいしゃ》どころか巨大《きょだい》な敵《てき》に作《つく》り上《あ》げてしまったことを…
海馬《かいば》コーポレーション重役会議《じゅうやくかいぎ》
六年後《ねんご》——

本日《ほんじつ》をもって海馬《かいば》コーポレーションはオレのものだ！
これもあんたに教《おそ》わったやり方《かた》だがね…
瀬人《せと》！どうやら私《わたし》はお前《まえ》とのゲームに負《ま》けたようだな！
ゲームに負《ま》けた者《もの》の末路《まつろ》をその目《め》に刻《きざ》み込《こ》んでおくがいい！ククククク…
フフ…
敗北《はいぼく》とは死《し》を意味《いみ》する…
あなたの教《おし》えはオレが受《う》け継《つ》ぎますよ…

あの日《ひ》…イカサマゲームなんかやらなければ…
兄《にい》サマは昔《むかし》の兄《にい》サマのままでオレのそばにいてくれたかも知《し》れないのに…
笑顔《えがお》を忘《わす》れることもなく…
モクバ…
今《いま》海馬《かいば》は闇《やみ》の中《なか》で自分《じぶん》の「心《こころ》」のかけらを拾《ひろ》い集《あつ》めている…
え…!!?

バラバラになった「心《こころ》」のパズルをもう一度《ど》作《つく》り直《なお》しているんだ！
兄《にい》サマ……………
今度《こんど》は間違《まちが》わないように…ひとつひとつを自分《じぶん》の力《ちから》でな…

遊戯《ゆうぎ》…
兄《にい》サマは戻《もど》ってくるよな………
ああ…
いつの日《ひ》か…パズルを解《と》き明《あ》かした時《とき》…
奴《やつ》は戻《もど》ってくるさ…
オレ…いつまでも待《ま》つよ……
兄《にい》サマを…
いつまでも……

おい 遊戯《ゆうぎ》!!
今《いま》 病院《びょういん》にいる花咲《はなさき》から連絡《れんらく》入《はい》ってよー!
じーさんの手術《しゅじゅつ》は無事《ぶじ》成功《せいこう》ーー!! もう心配《しんぱい》ないってよーー!!
!!
じーちゃんが!!
よかったーー!!
よかったなー遊戯《ゆうぎ》!!
うん!
早《はや》くじーちゃんの顔《かお》見《み》たいぜー!
それならさー今《いま》からみんなで病院《びょういん》行《い》こーよ!
オレも行《い》くーー!!
あの病院《びょういん》にスゲェ ナイスバディーの看護婦《かんごふ》がいるんだー!
お前《まえ》は寝《ね》てやがれ!
それにしても今日《きょう》はハードな一日《にち》だったぜ…
ン…… そーいえば遊戯《ゆうぎ》のやつ… 気付《きづ》かねーうちにいつもの遊戯《ゆうぎ》に戻《もど》ってる…
遊戯《ゆうぎ》… お前《まえ》さ…
ン…!?
なあに城之内《じょうのうち》くん…

なんでも ねえよ！
城之内《じょうのうち》くんが ボクに何《なに》を言《い》おうとしてたのか…
ボクには すぐにわかった…
……だって—
今日《きょう》… みんなと一緒《いっしょ》に 闘《たたか》った記憶《きおく》は… ボクの中《なか》で少《すこ》しも 薄《うす》らぐことは ないのだから……

杏子《あんず》の家《いえ》
遊闘《バトル》41　"恋《こい》"を見《み》つけよう!!
はっ!
やだ…あたしったら……
また想《おも》い出《だ》してる…遊戯《ゆうぎ》を……
ううん
もうひとりの遊戯《ゆうぎ》を…♡

遊闘《バトル》41

"恋《こい》"を見《み》つけよう!!

遊戯《ゆうぎ》ーっ
遊戯《ゆうぎ》ー！
ホラ！遅刻《ちこく》するわよーーっ!!
まったくぅう！
まだ寝《ね》てるのかしら
ガチャ☆
遊戯《ゆうぎ》ーっ!!
ジーーッ☆

遊戯《ゆうぎ》…
あんた何《なに》やってんの…？
くつ下《した》並《なら》べて…
ママ！今《いま》話《はな》しかけないで‼
神経《しんけい》を集中《しゅうちゅう》してるんだから！
エ…
…？
よし！
これと
これだ‼

やったぜ!!
ビンゴー!!
今日《きょう》も絶好調《ぜっこうちょう》――っ!!
理解不能《りかいふのう》
遊戯《ゆうぎ》
何《なに》やってるの?
へへーこれはねー「くつ下神経衰弱《したしんけいすいじゃく》」ゲームさ!
ゲーム①
くつ下神経衰弱《したしんけいすいじゃく》ゲーム
やり方《かた》
○白《しろ》のソックスをたくさん用意《ようい》する。(すべて同《おな》じもの)
○あらかじめソックスの裏側《うらがわ》に一組《くみ》ずついろいろなマークを描《か》いておく
○マークをふせるようにバラバラにソックスを並《なら》べる
○あとはカンを生《い》かして同《おな》じものを選《えら》び出《だ》せたら君《きみ》の勝《か》ちだ!!
これはゲームの直感力《ちょっかんりょく》を養《やしな》うトレーニングだぜ――!!
そんな直感力《ちょっかんりょく》より学校《がっこう》の成績《せいせき》上《あ》げなさい!!
いっ…
それよりホラホラ!
今朝《けさ》はめずらしく杏子《あんず》ちゃんが迎《むか》えに来《き》てるのよ!
え!
杏子《あんず》が!?
な…なんだよー!
早《はや》く言《い》えよー!!
だって話《はな》しかけるなって言《い》ってたでしょ!!
ったくもー!!
ドドド
行《い》って来《き》まーす!!

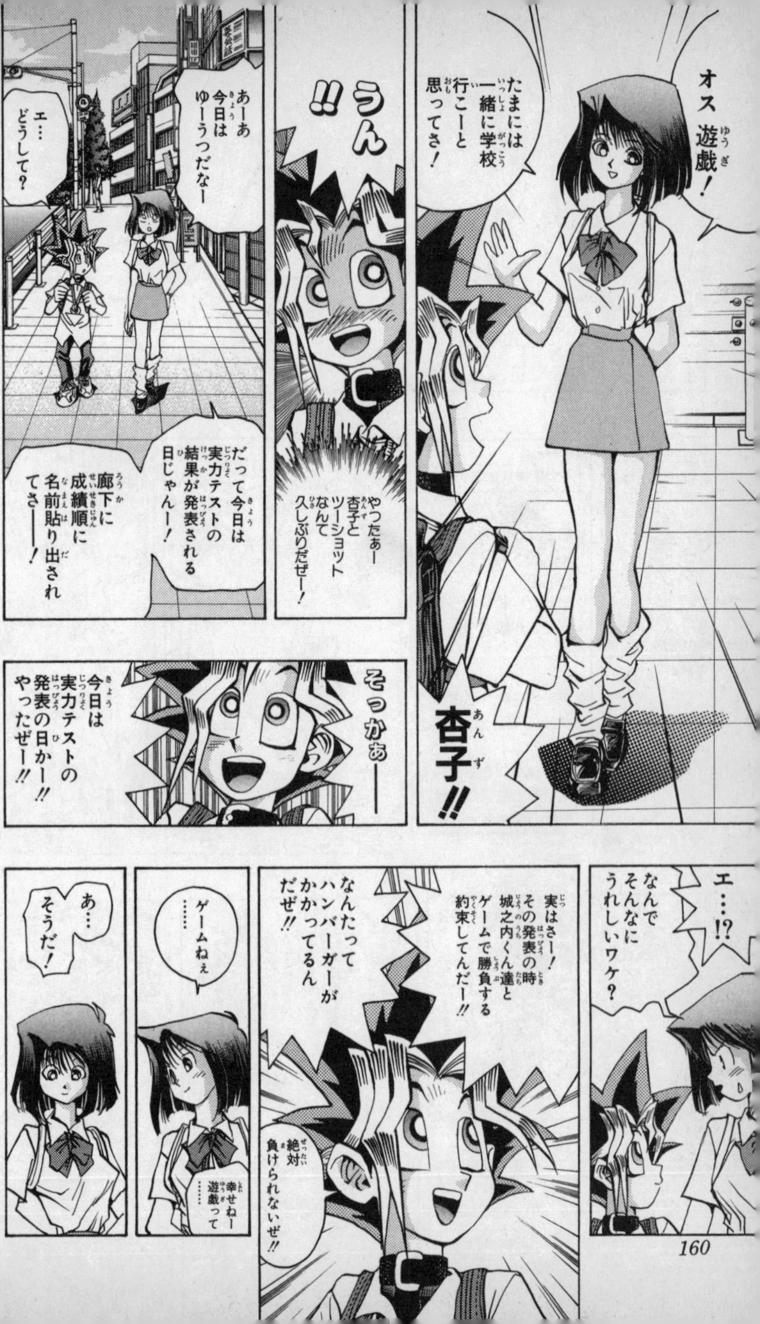
オス
遊戯《ゆうぎ》！
たまには一緒《いっしょ》に学校《がっこう》行《い》こーと思《おも》ってさ！
杏子《あんず》!!
うん!!
やったぁー杏子《あんず》とツーショットなんて久《ひさ》しぶりだぜー！
そっかぁ——
今日《きょう》は実力《じつりょく》テストの発表《はっぴょう》の日《ひ》かー!!やったぜー!!
あーあ今日《きょう》はゆーうつだなー
エ…どうして？
だって今日《きょう》は実力《じつりょく》テストの結果《けっか》が発表《はっぴょう》される日《ひ》じゃんー！
廊下《ろうか》に成績順《せいせきじゅん》に名前《なまえ》貼《は》り出《だ》されてさ——！
エ…!?
なんでそんなにうれしいワケ？
実《じつ》はさー！その発表《はっぴょう》の時《とき》城之内《じょうのうち》くん達《たち》とゲームで勝負《しょうぶ》する約束《やくそく》してんだー!!
なんたってハンバーガーがかかってるんだぜ!!
絶対《ぜったい》負《ま》けられないぜ!!
……ゲームねぇ
幸《しあわ》せねー遊戯《ゆうぎ》って……
あ…そうだ！

コレ知《し》ってる？
今《いま》女《おんな》の子《こ》の間《あいだ》ですごく流行《はや》ってるんだよ！
ン!?
いや初《はじ》めて見《み》るぜー！
キーホルダー型《がた》ゲームの新《あたら》しいやつかな？
ううんゲームじゃないんだけど…
携帯型相性占《けいたいがたあいしょううらな》い！「ラブリー二号《ごう》」って言《い》うの！
相性占《あいしょううらな》い…？乙女《おとめ》ちっくだぜー!!
このボタンでその人《ひと》の生年月日《せいねんがっぴ》・名前《なまえ》血液型《けつえきがた》を登録《とうろく》するの！
機械《きかい》のことよくわかんないけど…そうするとその人《ひと》の個人情報《こじんじょうほう》によって特定《とくてい》の周波数《しゅうはすう》が設定《せってい》されるらしいの
もし「ラブリー二号《ごう》」を持《も》ってる人《ひと》がそばにいて同《おな》じ周波数《しゅうはすう》が設定《せってい》されてたらボタンを押《お》すと両方《りょうほう》ともベルが鳴《な》るの
そうするとその二人《ふたり》はすごく相性《あいしょう》がいいワケよ！
フーン
でもゲームじゃないからあまりおもしろくないな－…
ホラ！私《わたし》もうひとつ持《も》ってるんだ！
だからそれ遊戯《ゆうぎ》にあげるね！
エー！オレにー!?

やったー♡
杏子《あんず》がオレにプレゼントをくれるなんてー!
こりゃひょっとすると…
遊戯《ゆうぎ》も個人情報《こじんじょうほう》を登録《とうろく》してみなよ!!
する!する!!
えーと…
ピッ☆
ピッ☆
これで遊戯《ゆうぎ》の周波数《しゅうはすう》が設定《せってい》されたってワケ!
へへー遊戯《ゆうぎ》…
ためしに私達《わたしたち》の相性《あいしょう》ためしてみよっか!!
エ〜〜〜!!
ドキッ
ウ…ウン…
ドキドキ
ピ☆
あ…
なんにも鳴《な》らない…
ちえっ…
オレと杏子《あんず》の相性《あいしょう》はよくないってコトかよ…
ハァ…

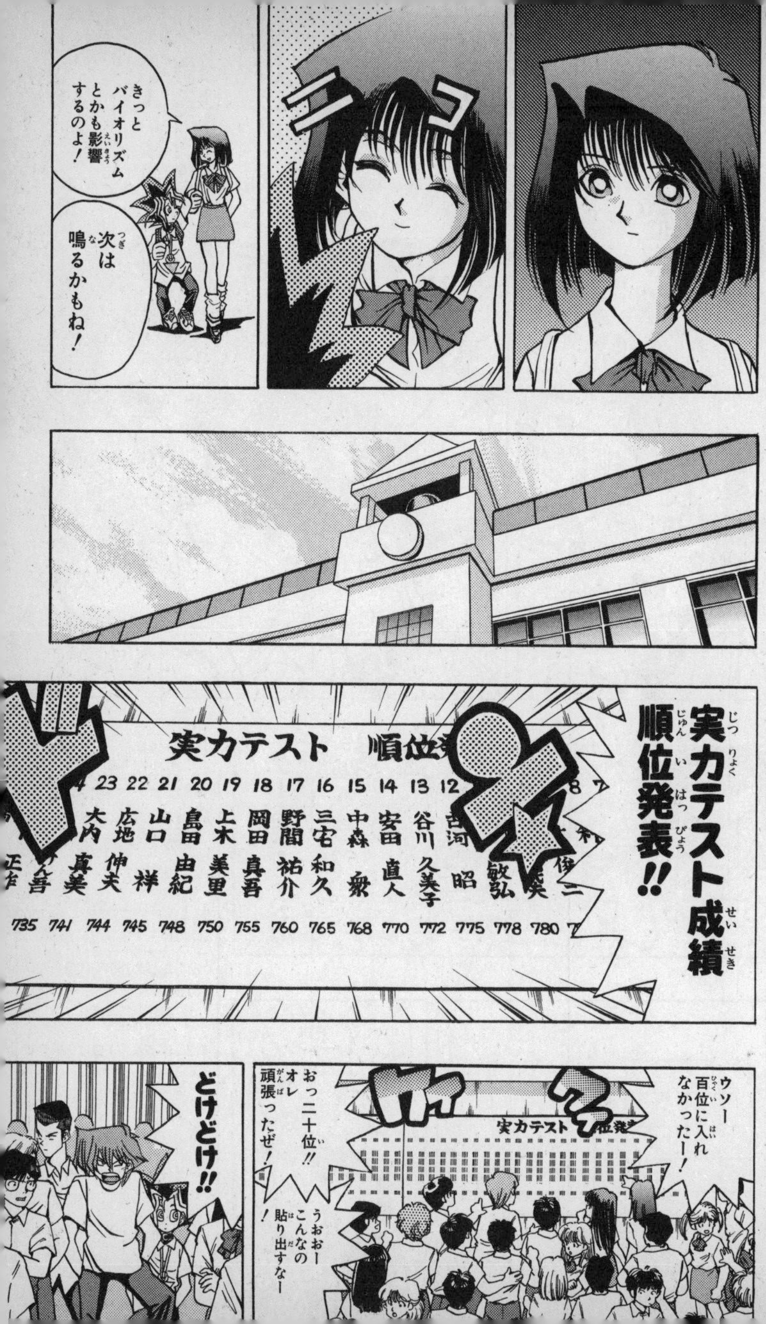
ニコ
きっとバイオリズムとかも影響《えいきょう》するのよ!
次《つぎ》は鳴《な》るかもね!
実力《じつりょく》テスト成績《せいせき》順位《じゅんい》発表《はっぴょう》!!
実力テスト　順位発
23 22 21 20 19 18 17 16 15 14 13 12
735 741 744 745 748 750 755 760 765 768 770 772 775 778 780
ウソー百位《ひゃくい》に入《はい》れなかったー!
おっ二十位《い》!!オレ頑張《がんば》ったぜ!
うおおーこんなの貼《は》り出《だ》すなー!
実力テスト
どけどけ!!

遊戯《ゆうぎ》!!
本田《ほんだ》!!
いよいよ勝負《ゲーム》の決着《けっちゃく》をつけるぜ!!
おう!!
名付《なづ》けて実力《じつりょく》テスト順位《じゅんい》DE《デ》ビンゴ☆ゲーム!!

ゲーム②
実力《じつりょく》テスト順位《じゅんい》DE《デ》
ビンゴ☆ゲーム

やり方《かた》

○まず5×5のマスを書《か》いた紙《かみ》を用意《ようい》する。

○あらかじめ25のマスに1から50までの好《す》きな数字《すうじ》をバラバラに書《か》き入《い》れておく。

○次《つぎ》に成績表《せいせきひょう》の1位から50位までを照《て》らし合わせ
男子《だんし》なら(黒《くろ》)
女子《じょし》なら(赤《あか》)とし
マスを塗《ぬ》り分《わ》ける。

○たて・横《よこ》・ななめに黒《くろ》か赤《あか》のラインがより多《おお》くできた者《もの》が勝者《しょうしゃ》となる。

ゲームスタート!!
シャカ シャカ シャカ シャカ シャカ シャカ シャカ

まったく…
何《なに》やってんの…
も!……
シャカ シャカ シャカ

☆さあ!
次《つぎ》のページに行《い》く前《まえ》にみんなもやってみよう!!

☆左《ひだり》のマスに1～50までの好《す》きな数字《すうじ》を書《か》き終《お》わったら次《つぎ》のページのとおりに色《いろ》を塗《ぬ》り分《わ》けてみよーぜ!!

(名前《なまえ》・性別《せいべつ》 省略《しょうりゃく》)

1	(赤《あか》)	26	(黒《くろ》)
2	(赤《あか》)	27	(赤《あか》)
3	(黒《くろ》)	28	(赤《あか》)
4	(黒《くろ》)	29	(赤《あか》)
5	(赤《あか》)	30	(黒《くろ》)
6	(黒《くろ》)	31	(黒《くろ》)
7	(赤《あか》)	32	(黒《くろ》)
8	(黒《くろ》)	33	(赤《あか》)
9	(赤《あか》)	34	(赤《あか》)
10	(黒《くろ》)	35	(赤《あか》)
11	(赤《あか》)	36	(黒《くろ》)
12	(黒《くろ》)	37	(赤《あか》)
13	(黒《くろ》)	38	(赤《あか》)
14	(黒《くろ》)	39	(黒《くろ》)
15	(赤《あか》)	40	(黒《くろ》)
16	(黒《くろ》)	41	(赤《あか》)
17	(赤《あか》)	42	(黒《くろ》)
18	(黒《くろ》)	43	(赤《あか》)
19	(黒《くろ》)	44	(赤《あか》)
20	(黒《くろ》)	45	(黒《くろ》)
21	(赤《あか》)	46	(黒《くろ》)
22	(赤《あか》)	47	(赤《あか》)
23	(赤《あか》)	48	(赤《あか》)
24	(黒《くろ》)	49	(黒《くろ》)
25	(赤《あか》)	50	(赤《あか》)

城之内《じょうのうち》
四〇〇人中《にんちゅう》
三九二番《ばん》ー!
392
城之内
武藤遊戯《むとうゆうぎ》
三七二番《ばん》!!
372
武藤
本田《ほんだ》!
三八〇番《ばん》!
380
本田
どうだー!
それでもヘラヘラ笑《わら》ってられるか——!
この三《さん》バカ大将《たいしょう》!!
実力テスト 順位発表
く・・・
大声《おおごえ》で発表《はっぴょう》しやがって!
鶴岡《つるおか》・・・
まったくイヤなセンセーだぜ!
ム!
胸《むね》に何《なに》か隠《かく》し持《も》っているな!
あ・・・それは!
杏子《あんず》からもらった大事《だいじ》なキーホルダー!!

ったく
こんなゲームを
学校《がっこう》に
持《も》ってくる
とは!
お願《ねが》いだから
それ返《かえ》して
くれよ!
すげー
大事《だいじ》なモン
なんだ!!
おいっ!
それ返《かえ》してやれよ
遊戯《ゆうぎ》に!!
先《せん》コーだからって
人《ひと》の大事《だいじ》なモン
とり上《あ》げる権利《けんり》は
ねーハズだろ!!
!!
お前《まえ》らみたいな
なんのとりえもない
落《お》ちこぼれは
先生様《せんせいさま》に口答《くちごた》えする
権利《けんり》は死ぬまで
ないのだよ!
く……
なんの
とりえも
ねえだと
……
——たとえば
我々《われわれ》教育者《きょういくしゃ》は
落《お》ちこぼれに
対《たい》して
何《なに》をしようが
許《ゆる》される権利《けんり》を
与《あた》えられている!!
こんなモンを
ふみつぶすことも
な——!!

とりえなら
あるぜ!!
あんたじゃ
死《し》ぬまで
追《お》いつけねー
とりえが
オレ達《たち》にはな!!
遊戯《ゆうぎ》!
ゲームなら
負《ま》けねえぜ!!
オレはな!
ピタ★
ゲームだと…
あ…
ドキ
もうひとりの
……遊戯《ゆうぎ》……

ほーー
それなら私《わたし》がゲームの相手《あいて》をしてやろうじゃないか!
ルールは簡単《かんたん》だ!
このキーホルダーを学校内《がっこうない》のある場所《ばしょ》に隠《かく》す!
一時間以内《じかんいない》に見《み》つけられたらお前《まえ》の勝《か》ち
このキーホルダーは返《かえ》してやるよ!
受《う》けてたつぜ!
てめえ遊戯《ゆうぎ》に挑戦《ちょうせん》したこと…後悔《こうかい》するぜ!
その代《か》わり見《み》つけられなかったらーー
お前《まえ》ら三人《にん》とも停学《ていがく》ーー!
このキーホルダーもコナゴナのバラバラだー!
おーやれやれ!
いいぞーー!
いいな! ゲームは三〇分後《ぶんご》!
その間《あいだ》にこのキーホルダーは隠《かく》しておく!
それまで一歩《ぽ》もそこを動《うご》くな!
ーー三〇分後《ぶんご》ーー
ゲームスタート!!

ザッ
59:30
さあて…
学校内《がっこうない》となると広《ひろ》すぎるぜ…
少《すこ》しずつ範囲《はんい》をしぼり込《こ》んでいかないとな…
絶対《ぜったい》無理《むり》だぜ!
あんなちっぽけなモン見《み》つけ出《だ》すなんて…
320

スコップにツルハシ！
近《ちか》くの工事現場《こうじげんば》から持《も》って来《き》たぜ！
穴《あな》ほりとかの力仕事《ちからしごと》はオレらにまかせろ！
……
サンキュー！
でも どうやら鶴岡《つるおか》は外《そと》には出《で》てないみたいだ！
キーホルダーは校舎内《こうしゃない》にある！
え？どうしてわかんだ？
教員用《きょういんよう》のゲタ箱《ばこ》のあいつのクツを見《み》てね…
外《そと》に出《で》たケーセキはなかったんだ！
ハハハハハ
血《ち》まなこになって探《さが》してやがるよ
だが 絶対《ぜったい》見《み》つからないぜ!!
キーホルダーは誰《だれ》も知《し》り得《え》ぬオレだけの秘密《ひみつ》の場所《ばしょ》に隠《かく》してあるんだ！
ククク…
あいつらを学校《がっこう》からしめ出《だ》してやるぞ!!
21:27
42:18

あと二〇分《ぷん》…
あのキーホルダーは杏子《あんず》からもらった大事《だいじ》な宝物《たからもの》だぜ！
必《かなら》ず見《み》つけ出《だ》す!!
遊戯《ゆうぎ》…
あたしがあげたちっぽけなペアのキーホルダーをあんな必死《ひっし》に…
ドキ☆
……ペア……!!
あ…
そうだ…
あ…あの
遊戯《ゆうぎ》くん…
私《わたし》のキーホルダーが何《なに》か役《やく》に立《た》つかも……って……
こ…これもしかしたら…
ホントもしかしたら…だけど…
杏子《あんず》…
な…ないかな…
やっぱ

!!
杏子《あんず》!!
これで必《かなら》ず
見《み》つかるぜ!!
ひょっと
すると…
ヒトは
隠《かく》し物《もの》をする時《とき》に
案外目《あんがいめ》のとどく所《ところ》に
隠《かく》したがる性質《せいしつ》
がある
キーホルダーは
鶴岡《つるおか》の
いる場所《ばしょ》の近《ちか》くに
隠《かく》されているかも…
03:13

!!
貴様《きさま》らぁぁ!
この神聖《しんせい》な教員室《きょういんしつ》に生徒《せいと》が入《はい》って来《き》ていいと思《おも》うのか!
宝探《たからさが》しゲームなら外《そと》でやってろー!!
今《いま》のあんたの言葉《ことば》で確信《かくしん》したぜ!
キーホルダーはこの部屋《へや》にあるってな!
!!
な…
バ…バカな…
キーホルダーはお前《まえ》らじゃ手《て》の届《とど》かない場所《ばしょ》に隠《かく》してあるんだよ!
他《ほか》の場所《ばしょ》のなぁぁ
手《て》が届《とど》かない…
つまり手《て》がふれられない場所《ばしょ》
オレも考《かんが》えたぜ!
オレがあんただったらどこに隠《かく》すだろーとね!
まず間違《まちが》いなく「教師《きょうし》」って特権《とっけん》を利用《りよう》する!!
生徒《せいと》は「教師《きょうし》」にはむかえない…手《て》もふれられない!

つまり自分《じぶん》の身《み》から離《はな》さないのが一番《ばん》安全《あんぜん》なんだ!!
くく…
お…お前《まえ》らオレに…
この聖職《せいしょく》についている この私《わたし》に そのきたならしい 手《て》をふれてみろ…
退学《たいがく》にしてやるぞ!!
ハハハハハ どーだ!
手《て》をふれずにオレがキーホルダーを持《も》ってるって証拠《しょうこ》を見《み》せてみな!!
00:30
杏子《あんず》…
!!
お願《ねが》い… ベルを鳴《な》らして…
想《おも》いがつながる ベルの音《ね》を聞《き》かせて
カチッ☆

!
ピポッ
ピポッ
いったい何《なん》の音《おと》だ…?
ピポッ
ピポッ
…!?
!!
ピポッ
ピポッ
え…!?
音《おと》は奴《やつ》の頭《あたま》から聞《き》こえてくるぞ!!
きっとキーホルダーの音《おと》だぜ!
ピポッ
ピポッ
かかれー 本田《ほんだ》ー!
ヒーー!
これだけ証拠《しょうこ》があがって体《からだ》にふれさせねーなんて言《い》わせないぜ!!
コノー!!
え!?
!!

なんと！
こいつヅラの中《なか》に隠《かく》してやがったぜ！キーホルダー!!
ヒイイイイイ
誰《だれ》にも この秘密《ひみつ》を言《い》わないでくれ〜
00:05
このゲーム遊戯《ゆうぎ》の勝《か》ちだぜ!!
サンキュー杏子《あんず》！
もうひとりの遊戯《ゆうぎ》くん…
あなたがまた私《わたし》の前《まえ》に現《あらわ》れてくれたら…
またあのベルの音《ね》は聞《き》こえてくるよね…
私《わたし》の心《こころ》に…

なにいいいい〜
城之内《じょうのうち》くんがTV《テレビ》出演《しゅつえん》するってえ〜〜!

遊闘《バトル》42　100万円《まんえん》をゲットせよ!!

おう!
「100万円《まんえん》!!ゲームDE《デ》ゲット・ショー」って番組《ばんぐみ》でよ――!
ゲームをクリアーすると賞金《しょうきん》100万円《まんえん》だぜー!!
ひゃ…100万円《まんえん》ーー!!

遊闘《バトル》42

100万円《まんえん》をゲットせよ!!

フフ……これで つら〜い アルバイト生活《せいかつ》ともお別《わか》れだぜー！
おい！まだ賞金《しょうきん》当《あ》たったワケじゃねーだろ！
く〜〜〜〜
思《おも》いおこせばアホな親父《おやじ》が酒《さけ》やギャンブルでこさえた借金《しゃっきん》も……
借金《しゃっきん》とりから逃《に》げる みじめな生活《せいかつ》も…
これで全《すべ》てが終《お》わるのさ！
城之内《じょうのうち》って昔《むかし》から生活費《せいかつひ》とか学費《がくひ》まで自分《じぶん》で工面《くめん》してきたんでしょエライよねー
中坊《ちゅうぼう》ン時《とき》から「新聞配達《しんぶんはいたつ》をする無法者《むほうもの》」として評判《ひょうばん》だったほどだ！
オレの願《ねが》いをこめたたった一枚《まい》の応募《おうぼ》ハガキを選《えら》んでくれた野郎《やろう》は…きっと神《かみ》サマのような野郎《やろう》に違《ちが》いないぜ…
よーし！ボクらも応援《おうえん》に行《い》かなくちゃねー！
おう！
フフ
100万円《まんえん》……
ZTV放送局《ゼットティービィーほうそうきょく》
ZT

番組制作部《ばんぐみせいさくぶ》
──で今日《きょう》の「100万円《まんえん》!!ゲームDE《デ》ゲット・ショー」に出場《しゅつじょう》するのはどんな奴《やつ》だ!
ハイ 応募《おうぼ》ハガキの中《なか》からこの男《おとこ》を選《えら》びました…
なにしろハガキにはレインボーカラーをほどこし ひときわ目立《めだ》っていたものでして…
この男《おとこ》の素性《すじょう》は徹底的《てっていてき》に調《しら》べあげました
父親《ちちおや》は無職《むしょく》 ギャンブル好《ず》き 酒乱《しゅらん》!
この少年《しょうねん》が父《ちち》の多額《たがく》の借金《しゃっきん》をわずかずつ工面《くめん》しております!
正真正銘《しょうしんしょうめい》! 筋金《すじがね》入りのビンボー人《にん》です!
よし 気《き》に入《い》った!
この番組《ばんぐみ》はそーゆうビンボー人《にん》が100万円《まんえん》に目《め》の色《いろ》をかえて必死《ひっし》にゲームにチャレンジする姿《すがた》が受《う》けているのだ!
まあ…どうあがこうが100万円《まんえん》は手《て》にできないようになっておるがな……
ワハハハハ

本番中《ほんばんちゅう》
100万円 ゲームDE ゲット☆ショー
ジャン
TV《テレビ》の前《まえ》の皆《みな》さん!!
今日《きょう》も「100万円《まんえん》!!ゲームDE《デ》ゲット・ショー」の時間《じかん》がやってまいりました!!
パチパチ パチパチ
そして本日《ほんじつ》の挑戦者《ちょうせんしゃ》はこの方《かた》——
ドン☆
百万円!
童実野町《どみのちょう》よりおこしの城之内《じょうのうち》くん十六歳《さい》!!
おー遊戯《ゆうぎ》ーっ!!
本田《ほんだ》ーっ
城之内《じょうのうち》くんいいぞー!
ガンバレー100万円《まんえん》ゲットだぜー!
ドドド

ハイ！2カメ寄《よ》って！
……
よし！ここで挑戦者《ちょうせんしゃ》のアップにテロップをかぶせろ!!
ハイ
オレはやる！
父親《ちちおや》の借金《しゃっきん》返済《へんさい》を夢見《ゆめみ》て この番組《ばんぐみ》に挑戦《ちょうせん》——果《は》たして…
よし！
これで視聴者《しちょうしゃ》には この若者《わかもの》の不幸《ふこう》な境遇《きょうぐう》を刷《す》り込《こ》ませることができた!!
視聴率《しちょうりつ》も上《あ》がるぞー!!
さあ！
それでは最初《さいしょ》のゲームー
「運命《うんめい》のダーツゲーム」だ!!
これをクリアーすれば賞金《しょうきん》10万円《まんえん》をゲーーット!!
10万円
ハズレ
ルールは簡単《かんたん》！
回転《かいてん》する盤上《ばんじょう》の「10万円《まんえん》ゾーン」を射止《いと》めれば成功《せいこう》です！
10万円
ハズレ

がんばれ城之内《じょうのうち》くん！
おうまかせろ！
こんなのチョロいぜ!!
!!
成功《せいこう》です！
あぶなかったぜ〜〜っ…
10万円《まんえん》ゲーット!!
よっしゃあああ！
いいぞーっ！
日本一《にほんいち》ーっ！
さあ 次《つぎ》は50万円《まんえん》に挑戦《ちょうせん》!!
セカンド・ゲームはー

「恐怖《きょうふ》の電撃《でんげき》ヘルメット」だ——!!
ルールは簡単《かんたん》!
挑戦者《ちょうせんしゃ》は時間内《じかんない》に
高圧電流《こうあつでんりゅう》の流《なが》れる
棒《ぼう》の間《あいだ》を頭上《ずじょう》の
棒《ぼう》にふれることなく
ゴールに着《つ》けば
成功《せいこう》——!
失敗《しっぱい》したら
頭上《ずじょう》で電流爆破《でんりゅうばくは》
だ——っ!!
オレはやる!
STA
それではスタート!!
50万円《まんえん》!!
ゴールまであと少《すこ》し!!
——だが時間《じかん》がないぞ
GOA
いけえええ!!
GOAL

成功《せいこう》!!
成功《せいこう》です!!
挑戦者《ちょうせんしゃ》セカンド・ゲームも無事《ぶじ》クリアー!!
50万円《まんえん》ゲーット!!
やったぜ!50万円《まんえん》!!
ドキュ
城之内《じょうのうち》くんやるぜー!!
いいぞー!
100万円《まんえん》まであと一歩《ぽ》だぞ——っ!!
エ——それではファイナル・ゲームの前《まえ》にCM《シーエム》をどうぞ!!
親父《おやじ》…100万《まん》とったらよ…今《いま》までのことは水《みず》に流《なが》してまた親子《おやこ》二人《ふたり》仲良《なかよ》くやってこうぜ!
待《ま》ってろよな!
なんか…すごく緊張《きんちょう》しちゃったな——
トイレ行《い》ってくるぜー!

え〜っと トイレは…
TV局《テレビきょく》だ もんなー!
アイドルに 会《あ》ったり してな〜〜〜!
で どうだ? 視聴者《しちょうしゃ》の 反響《はんきょう》は!
ハイ なかなか いいですよ!
そうか!
——で ファイナル・ゲームの ルーレットは 当《あ》たらないように なっているんだ ろうな!!
ハイ!
そっちの方《ほう》も 抜《ぬ》かりはありません
え…!?
視聴者《しちょうしゃ》は あーゆう ビンボー人《にん》が必死《ひっし》に手《て》を 伸《の》ばしても所詮《しょせん》 賞金《しょうきん》には 届《とど》かぬことを 願《ねが》っているものだ!!
ワハハハハハ
——まったく 人《ひと》の不幸《ふこう》は 視聴率稼《しちょうりつかせ》げますよね!
誰《だれ》が ビンボー人《にん》に 金《かね》などやるか!!
こっちが儲《もう》かれば それでいいのだ!!

なんだって……！
それじゃあ
このゲームショーは
最初《さいしょ》から…
く…
城之内《じょうのうち》くんの
必死《ひっし》の思《おも》いを
踏《ふ》みにじるなんて…
ゴゴ
絶対《ぜったい》
許《ゆる》さないぞ!!
ゴゴ
さあ！
いよいよ
ファイナル・
ゲーム!!
このゲームを
クリアーすれば
夢《ゆめ》の100万円《まんえん》だ
――!!

「運命《うんめい》のルーレット」です!!
ドン
見事《みごと》100万円《まんえん》獲得《かくとく》なるか——っ!
失敗《しっぱい》したら今《いま》までの賞金《しょうきん》もパーです!!
100万円
100万円
100万円《まんえん》…
オレはやるぜ!!
必《かなら》ずゲットする!!
城之内《じょうのうち》がんばれーっ!
いけーっ!

さあ！ルーレットが回転《まわ》ったあぁ!!
ゴオォォ
挑戦者《ちょうせんしゃ》の「ストップ」の声《こえ》でルーレットが止《と》まります!!
ドキドキ
おい！いいな！奴《やつ》が「ストップ」と言《い》ったらボタンを押《お》すのだ！
ハイ！わかってます！
ボタンにはちゃんと赤《あか》い印《しるし》がしてあります！
ボタンはたくさんあるけどこれなら間違《まちが》えっこありません！
このボタンを押《お》せば100パーセントルーレットが当《あ》たることはありません！
ギッ

な…なんだ 小僧《こぞう》！
ここは関係者《かんけいしゃ》以外《いがい》 立入《たちい》り禁止《きんし》だ！ さっさと出《で》て行《い》け!!
!
フフ…
お前《まえ》らにも 運《うん》があるか…… 試《ため》してみるかい？
……
何《なに》言《い》ってるんだ こいつは!!
ホラ…
アレを 見《み》てみな…

脚立《きゃたつ》の上《うえ》にペンキ缶《かん》がのってるだろ?
そして二本《ほん》のロープ…
このどちらか一本《ぽん》がアレに結《むす》ばれてるんだ!
な…
お互《たが》いにロープを一本《ぽん》選《えら》んで腕《うで》に結《むす》びつける!
合図《あいず》とともに互《たが》いにロープを引《ひ》っぱるんだ!
くじ引《び》きさ!確率《かくりつ》2分《ぶん》の1のね!
何《なに》言《い》ってるんだ!こっちは今《いま》忙《いそが》しいんだ!
きさまの遊《あそ》び相手《あいて》などしていられるか!
インチキをばらされたくはないだろ…プロデューサーさん!
100パーセント当《あ》たらないルーレットの秘密《ひみつ》をな…

く……
なんでこの小僧《こぞう》がその秘密《ひみつ》を……
……
や…やむを得《え》ん!!
よし! お前《まえ》がくじを引《ひ》け!!
ハ…!!
ハイ…
よし…オレは右《みぎ》のロープを……
オーケー オレは左《ひだり》だ!
用意《ようい》はいいな…
せえの——

ウギャアア
ボボボボ…
運《うん》の悪《わる》いやつだ!!
く…
バカめ…
スイッチの上《うえ》に赤《あか》ペンキが!!
!!
ハッ
いかん…早《はや》くボタンを押《お》さねば…
ン…!!
こ…これじゃあスイッチがわからん!!
くそー…
もしルーレットが当《あ》たったらー
あのビンボー人《にん》に100万円《まんえん》を持《も》って行《い》かれてしまう!!
本性《ほんしょう》を現《あらわ》したな!
裁《さば》きの時《とき》だぜ!

罰《ばつ》ゲーム
マインド・オン・エア《本性暴露》!!
ウギャアアア
さあ！挑戦者《ちょうせんしゃ》は「ストップ」をどうぞ!!
ストーップ!!
たのむぜ!! 神《かみ》サマ!!

100万円
なんと100万《まんえん》円が当《あ》たったー!!
エ…ウソ…こんなの初《はじ》めて…
や…やったぁ!!
100万《まんえん》円ゲットだぜ!!
おめでとーございます!100万《まんえん》円の小切手《こぎって》を進呈《しんてい》いたします!
パチ パチ パチ
サンキュー!
100万《まんえん》円!
小切手《こぎって》
¥1,000,000
ドドドド
ン…
大変《たいへん》だぁー
すぐに放送《ほうそう》カット!
一体《いったい》どうしたんだ!
あ…あれを見《み》て下《くだ》さい!
な…な…

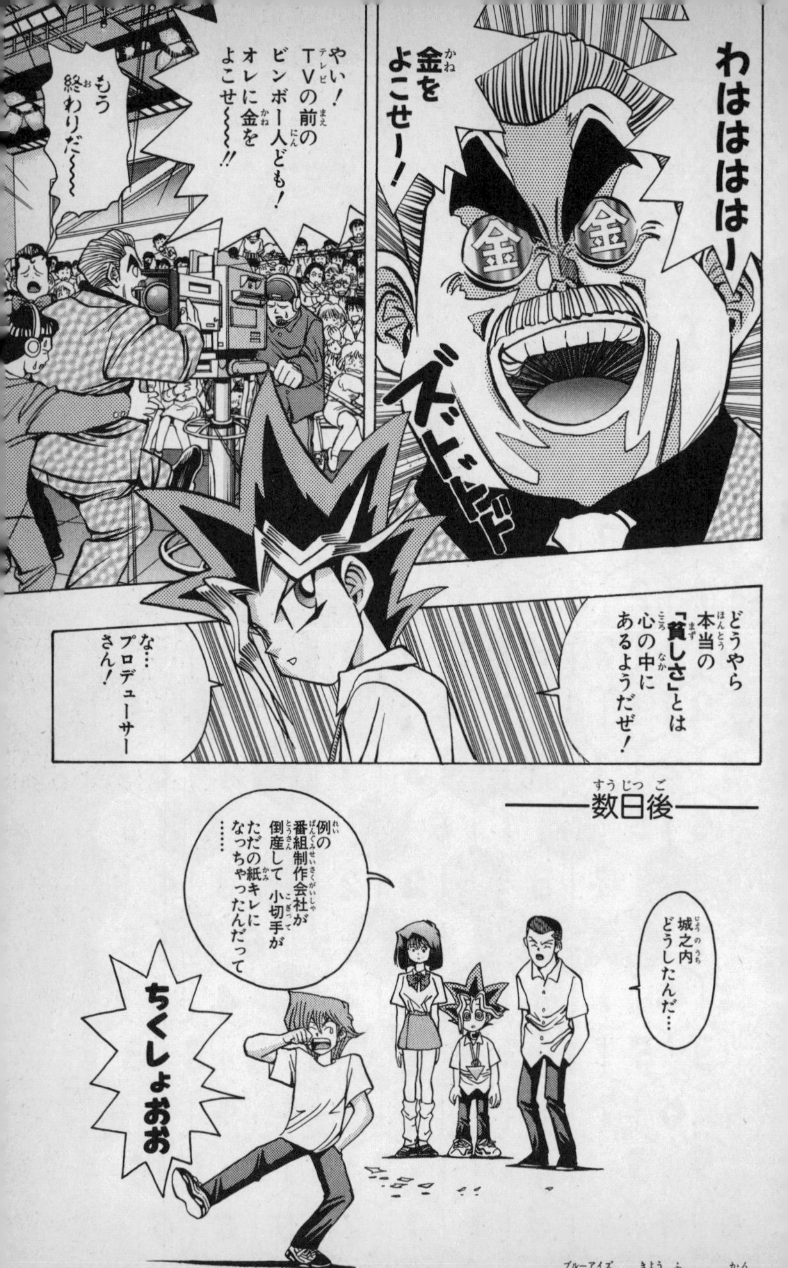
わははは－！
金《かね》をよこせー！
ズドドドド
やい！TV《テレビ》の前《まえ》のビンボー人《にん》ども！オレに金《かね》をよこせ～～～!!
もう終《お》わりだ～～～
どうやら本当《ほんとう》の「貧《まず》しさ」とは心《こころ》の中《なか》にあるようだぜ！
な…プロデューサーさん！
――数日後《すうじつご》――
城之内《じょうのうち》どうしたんだ…
例《れい》の番組制作会社《ばんぐみせいさくがいしゃ》が倒産《とうさん》して 小切手《こぎって》がただの紙《かみ》キレになっちゃったんだって……
ちくしょおお

5青眼《ブルーアイズ》の恐怖《きょうふ》!!(完《かん》)

チキチキ おまけ はちの巣《す》ごろくゲーム☆

START

最初《さいしょ》にサイコロを振《ふ》って
出《で》た目《め》のマスに駒《こま》を
おいてスタートだ！

〈プレイヤー人数《にんずう》〉2～5人《にん》
〈用意《ようい》するもの〉サイコロ・駒《こま》
〈遊《あそ》び方《かた》〉

○駒《こま》をスタート地点《ちてん》においたら、プレイヤーはジャンケンで順番《じゅんばん》を決《き》めよう！
○サイコロを振《ふ》って出《で》た目《め》の数《かず》だけ進《すす》む！ ただし、出《で》た目《め》の数字《すうじ》が書《か》かれたマスにしか駒《こま》をとめられないぞ！
(コースをよく考《かんが》えて進《すす》もう！)
○さあ、先《さき》にゴールにたどり着《つ》いた者《もの》の勝《か》ちだぞ!!

GOAL

■ジャンプ・コミックス

遊☆戯☆王

5青眼《ブルーアイズ》の恐怖!!

1997年11月9日　第1刷発行

著者　高橋和希
©Kazuki Takahashi　1997

編集　ホーム社
東京都千代田区一ツ橋2丁目5番10号
〒101-50
電話　東京　03(5211)2651

発行人　山下秀樹

発行所　株式会社　集英社
東京都千代田区一ツ橋2丁目5番10号
〒101-50
03(3230)6233(編集)
電話　東京　03(3230)6191(販売)
03(3230)6076(制作)
Printed in Japan

印刷所　大日本印刷株式会社

ISBN4-08-872315-5 C9979